Prof. Dr. Martin Bohus, Dipl.-Psych. Lisa Lyssenko,
Dipl.-Psych. Michael Wenner, Prof. Dr. Mathias Berger

Lebe Balance

Das Programm für innere Stärke und Achtsamkeit

Einleitung	**Lebe Balance**	8
Woche 1	**Achtsam wahrnehmen – sich selbst und die Welt um sich herum**	20
Woche 2	**Sich selbst kennenlernen und fürsorglich begegnen**	36
Woche 3	**Wissen, was wirklich zählt – die persönlichen Werte**	46
Woche 4	**Wie lebe ich meine Werte?**	60
Woche 5	**Etwas ändern, wenn es zu ändern ist**	78
Woche 6	**Abstand gewinnen und schwierige Dinge annehmen**	94
Woche 7	**Soziale Netze und Kommunikation**	114
Woche 8	**Was tun, wenn man in Gefahr ist, die Balance zu verlieren?**	142
Impressum		172

Liebe Leserin, lieber Leser,

Gesundheit, das ist für die AOK schon lange mehr als das Gegenteil von Krankheit. Wie der Mensch von den Kinderschuhen bis ins hohe Alter in seinem Lebensalltag gesund und aktiv bleiben kann, treibt unser Tun genauso an, wie die bestmögliche Versorgung im Krankheitsfall. Frühzeitig vorbeugen und unsere Kunden mit maßgeschneiderten, wissenschaftlich fundierten Präventionsangeboten begleiten, das ist der Kern unserer Gesundheitsförderung. Wir machen Gesundheit erlebbar – für jeden Einzelnen in seiner Lebenswelt und zusammen mit anderen in einer großen Gemeinschaft. Deshalb tragen wir seit nunmehr mehr als 25 Jahren zu Recht den Namen „Gesundheitskasse“. Weil uns die Gesundheit der Menschen am Herzen liegt.

Doch was macht ein gesundes Leben aus? Was können wir präventiv für die Erhaltung unserer Gesundheit tun? Seit vielen Jahren prägen die Themen Ernährung und Bewegung das Angebot. Ziel dabei ist es, Krankheitsbildern wie Diabetes, Bluthochdruck und Herz-Kreislauferkrankungen bedingt durch Bewegungsmangel und Übergewicht frühzeitig entgegenzuwirken. Bedingt durch die Komplexität unseres Alltags – wie zum Beispiel Mobilität oder ständige Erreichbarkeit – entwickelt sich auch das Präventionsangebot immer weiter. Hinzu kommen Elemente aus den Bereichen Entspannung und Stressmanagement. Dabei setzt die AOK immer neue Akzente – lebensnah, alltagstauglich und stets auf dem neuesten Stand der Wissenschaft.

Heute sind wir wieder Vorreiter und Impulsgeber. Die rasante Zunahme an psychischen Erkrankungen hat die Gesunderhaltung der menschlichen Psyche noch stärker in den Fokus gerückt. Gemeinsam mit Prof. Dr. Martin Bohus, Prof. Dr. Mathias Berger und den Dipl.-Psychologen Lisa Lyssenko und Michael Wenner haben wir das erste Präventionsprogramm zur Stärkung psychischer Schutzfaktoren entwickelt: *Lebe Balance*.

Mit *Lebe Balance* können Menschen stabiler die Herausforderungen des Alltags mit seinen Höhen und Tiefen meistern und so gestärkter durchs Leben gehen. Mit nützlichen Werkzeugen für einen achtsameren Umgang mit sich selbst und dem persönlichen Umfeld, für das Umsetzen von wichtigen Veränderungen und ganz wesentlich für die Pflege der sozialen Kontakte unterstützt Sie das Gesundheitsangebot *Lebe Balance*.

Das vorliegende Buch ist zentraler Begleiter der Gesundheitsaktion *Lebe Balance*. Es ist ein Übungs- und Arbeitsbuch, das die Leserinnen und Leser schrittweise durch die Inhalte des Programms führt und die Grundlage zu den AOK-*Lebe Balance*-Seminaren bietet. Wir wünschen Ihnen eine erkenntnisreiche Lektüre und viel Erfolg auf Ihrem persönlichen Weg zu Ihrer individuellen Balance!

Ihre AOK – Die Gesundheitskasse

Einleitung

Lebe Balance …

Unser Leben ist schneller geworden. Und vielfältiger. Und komplizierter. Die Grenzen zwischen Arbeit und Freizeit, zwischen Öffentlichkeit und Privatem verwischen. Der Beruf fordert immer mehr geistige Anstrengung, permanente Veränderungen und Unsicherheit. Im Alltag leben wir in digitalen und sozialen Netzen, die sich rasch verändern. Aus festen Lebensgemeinschaften werden Patchworks, die sich immer wieder wandeln, aus Lebenszielen kurzfristige Projekte. Manchmal stehen wir mittendrin und spüren, wie alles an uns zerrt.

… das Programm für die psychische Gesundheit

Wohl noch nie hatten wir selbst so hohe Ansprüche daran, unser Leben glücklich zu gestalten. Und wohl noch nie hatten die Anderen so hohe Ansprüche an uns.

Das „Etwas“ fürs Leben

Angesichts der Dynamik des modernen Lebens stellt sich die Frage: Sind wir überhaupt ausgestattet, dieses hohe Tempo mitzugehen? Mit all den Möglichkeiten, Erwartungen und Anforderungen steigt die psychische Belastung erheblich.

So ist nur allzu verständlich, dass viele Menschen nach Orientierung suchen in diesem rasch sich verändernden Dschungel der täglichen Herausforderungen. Sie spüren, dass ihnen etwas verloren zu gehen droht:

- Etwas Wesentliches, das bei der Bewältigung des Alltags hilft.
- Etwas wie ein Kompass, der eine Richtung vorgibt.
- Etwas, das Halt gibt und langfristig Sinn stiftet.
- Etwas, das ermöglicht, auch Grenzen zu setzen gegenüber den eigenen Ansprüchen und denen der Anderen.

Hier setzt *Lebe Balance* an: Dieses „Etwas“ sind die persönlichen Werte. Also das, was dem Leben im Wesenskern Bedeutung verleiht, das, was einem Menschen „wirklich wichtig“ ist.

Mehr Tiefe, Bewusstheit und Sinn
Wenn Sie sich Ihrer persönlichen Werte bewusst werden, fällt es leichter, den wesentlichen Dingen mehr Raum zu geben. Sie können die Dinge um Sie herum besser ordnen, lernen sich abzugrenzen, um Orientierung zu finden und neue Energie.

Lebe Balance lädt Sie zu einer Erfahrungsreise ein: Es sollte eine spannende Tour werden. In den acht Wochen – so lange dauert das Programm – werden Sie viel über sich erfahren und über das, was Ihnen wichtig ist. Ihr Leben wird mehr persönliche Tiefe, mehr Bewusstheit und mehr „Sinn" entwickeln. Aber nicht nur das.

Sie werden eine praktische Einführung in die Welt der Achtsamkeit bekommen – ein sehr altes und gleichzeitig wissenschaftlich aufregend neues Feld, mit nachgewiesener Wirksamkeit. Sie werden darüber hinaus eine Vielzahl von bewährten psychologischen Fertigkeiten und kleinen Tricks zur erfolgreichen Lebensbewältigung lernen. Wir sind sicher, dass Sie damit besser mit den Anforderungen des Alltags zurechtkommen, sich fürsorglicher um sich selbst und Ihre sozialen Netze kümmern und Ihre Widerstandskraft gegenüber psychischer Belastung deutlich verbessern werden. Sollte Ihnen das nicht acht Wochen wert sein?

Das Prinzip der Nachhaltigkeit

Die Öko-Bewegung der 1980er-Jahre hat das Bewusstsein für die Bedeutung der Nachhaltigkeit geweckt – das heißt, für die Balance zwischen kurzfristigem Energieverbrauch und langfristigem Erhalt von Ressourcen. Nicht mehr Bäume fällen als nachwachsen. Nicht mehr Fische aus den Meeren fangen, als sich Fische dort vermehren können. Heute zieht sogar die moderne Wirtschaftswissenschaft ihre Lehren aus den Börsencrashs und fordert eine nachhaltige Finanzpolitik: eine Balance zwischen kurzfristigen Gewinnen und langfristigem Erhalt der Finanzwerte.

Für die Menschen gilt: Auch die Belastbarkeit der Psyche ist begrenzt. Heute steht ein jeder vor der Herausforderung, eine Balance zu finden zwischen der Bewältigung des Alltags, zwischen dem Streben nach kurzfristiger Entlastung und der langfristigen Orientierung an denjenigen Dingen, die „wirklich wichtig sind", also an den persönlichen Werten.

Lebe Balance wird in acht Wochen diese beiden Säulen der psychischen Gesundheit stärken: Ihr Leben sollte dadurch nicht nur ein wenig einfacher, sondern auch nachhaltiger, intensiver und reicher werden.

Wir, das Autorenteam, wünschen Ihnen eine interessante und hilfreiche *Lebe-Balance*-Reise. Wir freuen uns auf die Zeit mit Ihnen. Eine Reisebeschreibung finden Sie auf den folgenden Seiten.

Was hält psychisch gesund?

Immer mehr Wissenschaftler haben sich die Frage gestellt, was Menschen psychisch gesund hält. Heute hat sich daraus ein eigenes, weltumspannendes Forschungsgebiet mit hunderten von Forschern entwickelt: Was sind Schutzfaktoren für psychische Gesundheit? Welche Fähigkeiten zeichnen Lebenskünstler aus, die ihren Lebensmut auch unter schwierigsten Bedingungen behalten? Die Forscher haben zahlreiche innere und äußere Faktoren untersucht und kamen zu folgenden Schlussfolgerungen.

Was zeichnet psychisch widerstandsfähige Menschen aus?

* Zum Ersten haben Menschen mit einer stabilen psychischen Gesundheit die Fähigkeit, sehr stark in der Gegenwart zu leben. Sie vermögen es, sich darin zu verankern und diese anzunehmen, und zwar mit all ihren Problemen und Herausforderungen. Das heißt, diese Menschen grübeln weniger über Vergangenes und hadern selten mit der Zukunft.

* Zum Zweiten ist es für die psychische Gesundheit hilfreich, sich selbst bewusst wahrzunehmen, seine Gedanken und Gefühle fürsorglich anzunehmen, aber auch, sich wohlwollend zu hinterfragen: die eigene Befindlichkeit, die Wünsche und die Ängste. Alles hat seinen Platz, alles hat seine Geschichte, aber nicht immer ist alles, was man denkt und fühlt, gerade hilfreich und stimmig. Und ein ebenfalls wichtiger Punkt in diesem Zusammenhang: Man muss nicht ständig besser sein wollen, als man ist.

* Zum Dritten berichten Menschen mit psychischer Stabilität häufiger als andere, dass ihr Leben für sie Sinn macht. Und wann macht Leben Sinn? Wenn man es nach seinen eigenen Werten ausrichten kann.

* Zum Vierten sind diese Überlebenskünstler häufig besser als andere darin, anstehende Probleme auch zu lösen. Sie gehen schon mit dem sicheren Gefühl an eine Sache ran, dass sie in der Lage sind, auch schwierige Dinge zu ändern.

* Zum Fünften ist es äußerst hilfreich, die Dinge, die sich nicht ändern lassen – und das sind sehr viele Dinge –, als solche anzunehmen. So seltsam es sich auch anhören mag: Wenn es Ihnen gelingt, selbst sehr Schmerzhaftes zu akzeptieren, so setzt dies oft heilsame Energien frei.

* Zum Sechsten tragen gute soziale Netze erheblich dazu bei, vor psychischen Störungen geschützt zu sein. Und nicht nur dies – sie wirken sogar lebensverlängernd. Das ist wissenschaftlich nachgewiesen.

* Und schließlich haben Menschen mit guter psychischer Widerstandskraft gelernt, Stress und Belastungssituationen rechtzeitig zu erkennen und sinnvoll damit umzugehen. Und wenn es wirklich brennt, holen sie sich Hilfe.

Man kann es auch auf einen Punkt bringen: Psychisch stabile Menschen sind in hohem Maße flexibel. Beneidenswert? – Nun, manche Menschen haben Glück, ihnen fallen einige der beschriebenen Dinge leicht. Für alle anderen gilt: Dies alles kann man lernen!

Lebe Balance wird Woche für Woche eines dieser Themen aufgreifen und Ihnen nahebringen, wie Sie diese Fertigkeiten erlernen können – quasi im Schnellverfahren, falls sie Ihnen nicht in die Wiege gelegt worden sind. Sind Sie dabei?

Lebe Balance – eine Reisebeschreibung

Woche 1:
Achtsam wahrnehmen

Die erste *Lebe Balance*-Woche ist der Achtsamkeit gewidmet. Sie lernen, sich in der Gegenwart zu verankern. Diese Übungen zur Achtsamkeit sind ein uralter Weg zu innerer Ruhe, Gelassenheit und Einsicht. In jüngster Zeit wurde auch wissenschaftlich belegt: Sie können durch Achtsamkeitsübungen die Wahrnehmung für das Einzigartige des Augenblicks verbessern. Und damit entwickeln Sie ein tieferes Gefühl für sich selbst, Ihre eigenen Gedanken und Gefühle – und Sie reduzieren Ihre psychische Belastung.

Warum ist Achtsamkeit gerade heute von so hoher Bedeutung?

Das Tempo des Alltags nimmt einen so in Beschlag, dass man häufig nur noch automatisch reagiert. Wir sprechen dann vom „Autopilotmodus". Im Alltag ist man oft darin gefangen: Man folgt automatisch dem Tagesablauf und ist dem, was man gerade tut, in Gedanken häufig schon voraus oder grübelt hinterher. Wenn dieser Zustand überhandnimmt, entgleitet die innere Balance und Ruhe. Menschen merken nicht mehr, was sie gerade wirklich brauchen, und werden blind für die kleinen, aber bezaubernden Momente des Alltags wie Blumen am Wegesrand. Mithilfe der achtsamen Wahrnehmung werden Sie lernen, den Reichtum des Augenblicks intensiver zu erleben.

Eine achtsame Haltung hilft, Ihre eigenen Bedenken und Sorgen, aber auch Ihre Begehrlichkeiten mit etwas mehr Abstand und Wohlwollen zu betrachten. Achtsamkeit ermöglicht zudem, unangenehme Gefühle wahrzunehmen und anzunehmen, ohne sie sofort verändern zu müssen.

Die Sache mit den unangenehmen Gefühlen

Unangenehme Gefühle sind Teil des Lebens. Manchmal ist es sogar sinnvoll, für den Moment unangenehme Gefühle in Kauf zu nehmen, um langfristig das zu erreichen, was Ihnen wirklich wichtig ist: Ihre persönlichen Werte zu leben.

Woche 2:
Sich selbst kennenlernen

In der zweiten Woche stehen Sie selbst im Zentrum: Sehr viele Menschen verbringen sehr viel Zeit damit, sich über sich selbst zu ärgern. Und sehr viele Menschen sind unzufrieden mit den eigenen Begabungen, ihrer Leistung und ihrer Attraktivität. Sie sind unglücklich über ihre Schwächen und treiben sich beständig zu mehr Erfolg. Das ist durchaus normal. Schließlich sind wir Menschen eine sehr erfolgreiche Art, und das haben wir in sehr hohem Maße auch unserem Ehrgeiz zu verdanken. Aber manchmal übertreiben wir es ein wenig. Manche Menschen behandeln sich selbst sogar deutlich schlechter als diejenigen, die sie lieben.

Manchmal wäre es gesünder, etwas wohlwollender und fürsorglicher mit sich umzugehen. Dabei ist es oft außerordentlich hilfreich, sich selbst beim Denken und Fühlen zu beobachten und nicht alles für „bare Münze" zu nehmen, was einem so durch den Kopf geht. Das bringt deutliche Befreiung, denn viele Gedanken und Gefühle entstehen ganz automatisch und sagen nur wenig über die Realität aus. Auch dies kann man lernen: In Woche 2 werden Sie Ihren „Fürsorglichen Beobachter“ entdecken. Ihren weisen und wohlwollenden Anteil, der Ihnen gar nicht so unbekannt sein sollte.

Sich mit sich verstehen

Sie verbringen ziemlich viel Zeit mit sich selbst, und es wäre günstig, wenn Sie einigermaßen gut mit sich auskommen würden. Die anderen machen doch schon Ärger genug?

Woche 3: Wissen, was wirklich zählt

Wenn Sie für sich formulieren können, was Ihnen persönlich wirklich wichtig ist, wenn Sie von Ihren persönlichen Werten ein klares Bild haben, dann ist es einfacher, diese auch gezielt umzusetzen. Oder zumindest den Weg dazu einzuschlagen.

Jeder Mensch entwickelt und verinnerlicht seine persönlichen Werte im Laufe der Jahre. Werte wie beispielsweise *„Mir ist es wichtig, anderen zu helfen“* oder *„Mir ist es wichtig, Macht und Einfluss zu haben“* stellen verborgene Leitsätze dar im Leben eines Menschen und sie ändern sich nur langsam mit dem Altern. „Verborgen“ bedeutet, dass man sich oft nicht bewusst ist, welchen Einfluss diese inneren Leitsätze auf einen haben. Dabei orientiert man sich an ihnen und schöpft Energie, wenn man sie umsetzt.

Immer wenn es Ihnen gelingt, Ihre Werte umzusetzen, erfahren Sie langfristig Sinn und Erfüllung im Leben. Sie verspüren Kraft, Bedeutung und Klarheit, wenn Sie sich um Dinge kümmern, die Ihnen wirklich am Herzen liegen, und sich nicht andauernd von ihnen abbringen lassen. Und selbst wenn dies manchmal schwierig und mühsam ist, werden die Dinge dann stimmig für Sie. Man strahlt dies auch aus, andere Menschen spüren das und suchen die Nähe.

So einfach all das klingt, vielen Menschen sind ihre persönlichen Werte nicht sonderlich vertraut – oder fällt es Ihnen leicht, auf Anhieb drei oder vier Ihrer wichtigsten persönlichen Werte zu benennen? Woche 3 hat genau dies zum Ziel und gibt dazu Hilfestellung und Anleitung.

Der Wert der Werte

Wer weiß, was ihm persönlich wichtig ist, kann beginnen, nachhaltigen Zielen bewusster zu folgen. Das gibt dem Leben Tiefe und sichert langfristig psychische Stabilität und Gesundheit.

Woche 4: Wie lebe ich?

In der vierten Woche von *Lebe Balance* werden Sie Ihr gegenwärtiges Leben einer Art „Risikoanalyse" unterziehen. Sie können eine grafische Abbildung Ihrer ganz persönlichen Werte erstellen und überprüfen, inwiefern Sie diese Ihre Werte zurzeit auch umsetzen. Denn bei großen Unterschieden zwischen dem momentanen Lebensstil und dem, was einem wirklich wichtig ist, entstehen Missstimmungen – man merkt, dass im eigenen Leben etwas nicht rund läuft, man ist unzufrieden, missgelaunt, abgeschlagen oder reizbar. Man hat zu nichts mehr Lust, die Energie fehlt. Gut, wenn Menschen dann instinktiv spüren, dass sich etwas ändern sollte: sie wissen zwar noch nicht genau was – aber irgendetwas muss künftig anders sein. Nach Woche 4 werden Sie Genaueres wissen.

Woche 5: Etwas ändern

Der Entschluss, Dinge zu ändern, führt in den meisten Situationen zu Frust: Zum einen bekommt man es nicht umgesetzt, zum anderen macht man sich dann auch noch Vorwürfe: Nicht mal das kriegt man hin. Dabei ist dies sehr verständlich: Eingeschliffene Gewohnheiten haben die Eigenschaft, sich selbst zu wiederholen, dies schafft erstmal Sicherheit und Konstanz. Es ist also eher die Regel als die Ausnahme, dass alles so bleibt, wie es ist.

Wenn Sie gezielt Ihre Gewohnheiten ändern wollen, so wenden Sie dabei doch eine bewährte Methode an und fassen Sie einen kleinen Plan. In Woche 5 lernen Sie, wie es gelingt, Ihre Veränderungspläne im täglichen Leben auch umzusetzen.

Woche 6: Abstand gewinnen

Ihre Überraschung wird nicht allzu groß sein, wenn wir Ihnen sagen, dass das meiste, über das Sie sich regelmäßig ärgern, eigentlich gar nicht zu ändern ist. Sie denken an Ihre Vorgesetzten, an Ihre Verwandten? Oder an die Verwaltung, die Verkehrsbetriebe; oder an all das, was Ihnen in Ihrer Vergangenheit widerfahren ist … Das meiste ist wahrscheinlich nicht zu ändern, und die Vergangenheit ganz sicher nicht (wenn Sie diesbezüglich eine erfolgreiche Methode gefunden haben sollten, lassen Sie es uns unbedingt wissen – das wird ein Bestseller!).

Aber weshalb hadert man dann so beharrlich? Weshalb grübeln und knobeln Menschen über Lösungen für Dinge, die längst vergangen sind? Wirklich nur, um sich für die Zukunft zu wappnen?

Viel wahrscheinlicher ist, dass sie sich in solchen Momenten vor dem Gefühl schützen wollen, dass da nichts mehr zu machen ist: Ohnmacht oder Niedergeschlagenheit taucht dann auf. Aber eben nur kurz. So, wie wenn man ins kalte Wasser taucht. Anschließend ist es ziemlich erfrischend, wenn man lernt zu akzeptieren, was nicht zu ändern ist. Man bekommt Klarheit und Energie für die Dinge, die wirklich zu gestalten sind. In Woche 6 wollen wir Sie näher heranführen an die Kunst der Akzeptanz.

Woche 7: Soziale Netze
Ein gutes soziales Netz ist über vier Säulen aufgespannt. Welche das sind, verraten wir Ihnen in der siebten Woche. Hier nur so viel: Sie sollten mindestens über drei stabile Säulen verfügen. Vielleicht ist Ihr soziales Netz so, wie es jetzt ist, ganz in Ordnung? Und dennoch könnte es reißen, wenn es Ihnen schlechter geht! Vielleicht sollten Sie etwas mehr investieren in Ihre Freundschaften? Vielleicht ist es sinnvoll, die Partnerschaft etwas sorgfältiger zu pflegen? Aber wie knüpft man ein solches Netz dauerhaft haltbar? Und wie sorgt man in diesem Netz dafür, dass man vernünftig kommuniziert?

Möchten Sie üben, wie man seine Meinung vertreten kann, ohne den anderen zu verletzen? Wie man sich durchsetzt und dabei dennoch die Beziehung erhält? Und wie man dem Anderen vermittelt, dass man seine Position versteht, auch wenn man diese nicht unbedingt teilt? Diese Woche bietet Ihnen Gelegenheit dafür, und wir sind uns sicher, dass Sie davon profitieren werden.

Martin Bohus

Die Realitäten sehen
Die Umsetzung persönlicher Werte ist wichtig, aber auch voller Hindernisse. Wenn es ausreichend wäre, sich seiner Werte bewusst zu werden, wäre die Welt voll sinnerfüllter und zufriedener Menschen. Und fast ausgeschlossen ist es, all seine Werte vollständig umzusetzen. Dafür sorgt schon die soziale Umgebung – es gibt Konkurrenz, Neid, Missgunst, Bewunderung und Verantwortungen.
Manchmal muss man Dinge machen und mit Menschen kooperieren, die nicht unbedingt den eigenen Werten entsprechen. Es gilt, eine Balance zu finden zwischen den Notwendigkeiten des alltäglichen Lebens und der Umsetzung der eigenen Werte. Ein wichtiger Schritt in die Richtung, seine Werte zu leben, besteht auch darin, ein gutes Gefühl für die momentanen Einflüsse zu entwickeln, also ein gesundes Verhältnis zur Realität.

Woche 8: Was tun, wenn man in Gefahr ist?
Die achte Woche steht ganz unter dem Motto: Was tun, wenn's dennoch brennt? Nun, das Wichtigste ist immer, die Frühwarnzeichen zu erkennen. Und da diese Frühwarnzeichen sehr unterschiedlich sind, werden Sie in dieser Woche Ihr ganz persönliches Stressmuster erkennen: Dies ermöglicht Ihnen, Phasen hoher Belastung rascher zu erkennen und frühzeitiger sinnvoll zu reagieren. Sie werden lernen, wie Sie gerade unter Stress für regelmäßige Entlastung sorgen, sich um Ihre körperliche Fitness kümmern sowie um guten Schlaf und um aktive soziale Unterstützung.

Allerdings wäre es vermessen zu behaupten, Ihr Leben wäre damit stressfrei. Natürlich werden Sie weiterhin soziale und psychische Belastungen erfahren – Sie werden aber besser damit umgehen. Um dies in noch umfassenderem Maße zu erreichen, ist es außerdem gut zu wissen, wie man sich in Phasen von intensiver Belastung verhält.

Und wenn es dennoch mit dem Stress-Überstehen nicht klappt? Bei jedem dritten Erwachsenen ergeben sich die Anzeichen für eine psychische Störung einmal im Leben und halten ihn davon ab, seinem Alltag oder Beruf nachzugehen. Ärzte und Psychologen sprechen dann von einer behandlungsbedürftigen psychischen Störung. Ende dieser Woche werden Sie also erfahren, wie Sie psychische Erkrankungen früh erkennen können und wann es an der Zeit ist, sich fachmännische Hilfe zu holen.

Grenzen des *Lebe Balance*-Programms

In diesem Buch werden Sie viel darüber erfahren, wie Sie ein handlungsorientiertes, erfülltes Leben führen. Sie werden sich mit dem Lebe Balance-*Programm Fähigkeiten aneignen, die Sie vor psychischen Störungen schützen können. Trotzdem kann das Buch im Fall des Falles keine Behandlung ersetzen.*

Ein Bambus im Sturm

Vielleicht ist dieses Bild Ihnen schon einmal begegnet: ein Bambus, der sich im Sturm fast zu Boden neigt, ohne zu brechen und ohne zu entwurzeln? Viele Kulturen sehen in diesem Bambus ein Symbol für die menschliche Fähigkeit, sich mit den Stürmen des Lebens zu arrangieren, ohne seine eigenen Werte, also seine Wurzeln, zu verlieren. Und einen ganz wesentlichen Anteil an dieser Wurzelhaftung hat beim Menschen – neben der Werte-Orientierung – die soziale Unterstützung. Dies gilt übrigens nicht nur für psychische Störungen: Auch der Verlauf von körperlichen Erkrankungen wie etwa Herz-Kreislauferkrankungen wird ganz wesentlich vom Ausmaß der sozialen Unterstützung beeinflusst.

All dies hilft, die Stürme des Lebens geschmeidig, aber nicht haltlos zu überstehen. Die moderne Psychologie nennt diese Kompetenz „Resilienz". Sie meint damit die Fähigkeit, auch schwierige Belastungen ohne psychische Folgeschäden zu bestehen. Die Balance zwischen Anpassung an äußere Anforderungen und Orientierung an den inneren Werten trägt wesentlich zu dieser Resilienz bei.

Nun, zugegeben: Einiges, was Sie in den nächsten Wochen in diesem Buch lesen, ist ungewohnt und neu – gerade wenn Sie die Übungen machen, werden Sie dies auch erleben. Es könnte sein, dass sich Ihre Sichtweise von den Dingen und von sich selbst ein wenig ändert. Das ist durchaus beabsichtigt, und wir hoffen, dass Sie auch ein bisschen neugierig sind darauf und sich auf das Experiment einlassen. Wir möchten Sie dazu ganz ausdrücklich ermuntern, denn das *Lebe Balance*-Programm gründet auf wissenschaftlich gut untersuchten Modellen, deren Wirksamkeit in der Vorbeugung und Behandlung von psychischen Störungen gut belegt sind.

Lebe Balance – wissenschaftlich fundiert und wirksam

Lebe Balance ist vor allem ein Programm für psychische Gesundheit. Wir haben auf den letzten Seiten beschrieben, wie hilfreich es ist,

* Achtsamkeit zu praktizieren,
* sich selbst und seine Gedanken und Gefühle fürsorglich anzunehmen,
* die persönlichen Werte zu kennen und umzusetzen,
* Dinge zu ändern, die zu ändern sind,
* Dinge zu akzeptieren, die nicht zu ändern sind,
* die sozialen Netze zu pflegen,
* mit Belastungsphasen angemessen umzugehen.

Der sprichwörtliche Fels in der Brandung hat ausgedient. Auch Felsen werden vom Wasser mürbe, glatt gespült oder zerbrechen.

Das Geheimnis der Lebenskünstler
Lebenskünstler haben eine hohe innere Stabilität, sie ruhen in sich und lassen sich nicht von jedem Sturm umwerfen. Gleichzeitig können sie flexibel auf die Anforderungen in ihrer Umgebung eingehen. Und sie haben die Fähigkeit, ihren eigenen Weg zu finden, mit den Anforderungen umzugehen.

Der sprichwörtliche Fels in der Brandung hat ausgedient. Auch Felsen werden vom Wasser mürbe, glatt gespült oder zerbrechen. Ein Lebenskünstler ist eher mit einem Bambus zu vergleichen. Einer lebendigen Pflanze also, die mit dem Wind schwingt, sich den Begebenheiten des Lebens ein Stück weit anpasst, sie wahrnimmt, aber schließlich wieder zu ihrer Mitte zurückfindet, in der sie mit ihren Wurzeln verbunden ist.

Durch eigene Erfahrungen lernen
Nun, bevor es losgeht, noch eine kleine Warnung: Psychische Balance kommt nicht nur aus dem Kopf. Es reicht nicht aus, etwas darüber zu lesen. Stellen Sie sich vor, Sie könnten nicht schwimmen oder Fahrrad fahren. Jemand sollte Ihnen freilich erst einmal erklären, welche Bewegungen Sie über Wasser oder auf dem Fahrrad halten. Und wenn Sie jemanden gefunden haben, der Ihnen dies geduldig erklärt – Gratulation, eine wichtige Grundlage ist gelegt. Doch irgendwann kommt der Punkt, da müssen Sie üben. Da müssen Sie ins Wasser oder auf das Fahrrad steigen.

Nur über das Üben lernen Sie das Tun. Deswegen ist dieses Buch aufgebaut wie ein Training. Bei manchen Übungen kommen Sie sich vielleicht vor wie ein Fisch auf dem Trockenen. Doch zusammengenommen werden die Übungen Ihnen einen Weg aufzeigen, wie Sie sich in psychischer Balance halten können.

Seien Sie aktiv dabei!

S. 2

Dieses Buch ist ein Arbeitsbuch: Es lädt Sie nicht nur dazu ein, mitzumachen, es **funktioniert** einfach besser, wenn Sie mitmachen! Vielleicht probieren Sie es gleich einmal aus. Öffnen Sie Ihr Arbeitsheft und lassen Sie sich die Themen der acht Wochen von *Lebe Balance* noch einmal durch den Kopf gehen. Wahrscheinlich ist Ihnen einiges verständlich geworden, aber mit Sicherheit haben Sie doch mehr Fragen als Antworten im Kopf. Notieren Sie nun unter den Überschriften jeweils eine wichtige Frage, die Sie geklärt haben wollen. Diese Übung hilft, um die Gedanken etwas zu sortieren und sich die wesentlichen Dinge besser zu merken. Wir wünschen Ihnen nicht nur viel Erfolg, sondern auch Spaß auf dem Weg, sich selbst ein bisschen besser kennenzulernen.

Alles in Balance?
Sie wollen wissen, wie es um Ihre psychische Balance bestellt ist? Dann machen Sie den Balance-Check. Sie finden ihn im Arbeitsheft auf Seite 3.

Lisa Lyssenko

Lesen und üben – zur Vorgehensweise
Lebe Balance *ist als Programm für acht Wochen aufgebaut. Wenn Sie Ihre innere Balance nachhaltig stärken wollen, schlagen wir Ihnen vor, für die nächsten acht Wochen einen regelmäßigen Termin mit sich selbst auszumachen, an dem Sie jeweils ein Kapitel lesen. Jedes Kapitel beinhaltet einige praktische Übungen, die am besten funktionieren, wenn Sie sie während des Lesens gleich mitmachen. Daher nehmen Sie sich pro Kapitel am besten etwa ein bis zwei Stunden Zeit. Am Ende von jedem Kapitel finden Sie Balance-Übungen für die Woche. Und weil es auch hier mit Planung besser klappt, empfehlen wir Ihnen, sich konkrete Zeitpunkte zu überlegen, wann Sie die Übungen durchführen wollen. Tragen Sie sich die Termine in Ihren Kalender ein – so wie Sie es mit anderen wichtigen Terminen auch machen.*

Woche 1

Achtsam wahrnehmen ...

„Achtsamkeit" – ein Begriff, der Ihnen zurzeit sicher häufiger begegnet. In Zeitschriften, in Büchern oder im Internet – überall taucht er auf – vielversprechend und auch seltsam vertraut. Doch die wenigsten wissen, worum es sich dabei wirklich handelt. Nun, Achtsamkeit meint einen ganz besonderen Zustand: eine Art von Besinnung, die entsteht, indem Sie all Ihre Aufmerksamkeit auf einen Augenblick richten, um ihn in all seinen Facetten zu erfahren. Und zu all seinen Facetten gehören auch Sie selbst.

Oder andersherum gesagt: Wenn Sie, ohne zu bewerten, all Ihre Aufmerksamkeit darauf richten, was von Augenblick zu Augenblick in Ihnen und außerhalb von Ihnen geschieht, dann entsteht Achtsamkeit.

... sich selbst und die Welt um sich herum

Öffne deine Augen und schau sorgfältig. Tausend Bergketten trennen den, der nachdenkt, von dem, der wirklich gegenwärtig ist.
Tran Thai Tong (1218–1277)

Ziele dieser Woche

Indem Sie sich in dieser ersten Woche der Achtsamkeit zuwenden, haben Sie zweierlei Gewinn: Zum einen ist Achtsamkeit ein geistiges Werkzeug, das eine intensivere und klarere Wahrnehmung möglich macht – von Ihnen, von Ihrer Befindlichkeit, Ihren Gedanken und Gefühlen. Zum anderen wirkt Achtsamkeit als geistige Haltung, als innere Einstellung. Sie hilft Ihnen, das Leben und die Kräfte, die die Welt durchweben, anzunehmen und sorgsam damit umzugehen.

Im Laufe der nächsten sieben Tage werden Sie erfahren, was sich hinter dem Begriff Achtsamkeit verbirgt und welche Bedeutung Achtsamkeit für die psychische Gesundheit hat. Einige einfache Übungen werden Ihnen helfen, Achtsamkeit im Alltag zu trainieren. Dadurch werden Sie Ihre Fertigkeiten verbessern, Ihre psychische Befindlichkeit wahrzunehmen und anzunehmen – beides bildet eine gute Basis, um später sinnvolle Veränderungen in Ihrem Leben umzusetzen.

Nur der Tag bricht an, für den wir wach sind.

Henry Thoreau (1817–1862)

Was ist Achtsamkeit?

Beginnen wir mit einer wahren Geschichte: Es ist kalt am 12. Januar 2007, und es ist wohl auch etwas zugig an der U-Bahn-Station in Washington, D. C. Trotzdem spielt ein Straßenmusiker seit gut 8 Uhr morgens unverdrossen auf seiner Geige. Er steht gut sichtbar – und vor allem gut hörbar – am Fuße einer Rolltreppe. Über 1000 Menschen hasten vorbei: Angestellte, Börsenmakler, Projektmanager – das etwas gehobene Publikum aus der Hauptstadt der USA. Lediglich sieben Menschen bleiben kurz stehen, zwei Kinder erhalten einen Klaps hinter die Ohren, weil sie zuhören wollen. Alltagsszenen eben.

Schließlich, gegen 9 Uhr, sammelt der Geiger 32 Dollar aus seinem Kasten und legt – sehr sorgfältig – seine Stradivari hinein. Der Wert dieser Geige wird auf circa 3,5 Millionen Dollar geschätzt, sie ist eines der wertvollsten Instrumente der Welt.

Die Geige ist in ausgezeichneter Verfassung, und das ist auch der Star-Geiger Joshua Bell, der gerade in dieser U-Bahn-Station ein Konzert wiederholt hat, das er am Abend davor in der ausverkauften Carnegie Hall dargeboten hatte. Vor begeistertem Publikum. Es handelte sich um Stücke von J. S. Bach und F. Schubert, für die Carnegie Hall waren Eintrittskarten nicht unter 100 Dollar zu bekommen. Das Experiment wurde von der Washington Post inszeniert und aufgezeichnet.

Im Autopilotmodus gefangen

Die meisten Passanten aus dem Experiment der Washington Post befanden sich in einer Art „Autopilotmodus“, als sie an dem Star-Geiger Joshua Bell vorbeigegangen sind. Die meisten von ihnen dürften den Weg zu ihrem Arbeitsplatz bereits hunderte von Malen gegangen sein und sie könnten ihn wohl – wie man so schön sagt – im Schlaf zurücklegen.

Dieser Autopilotmodus ist im Alltag durchaus praktisch: Man benötigt wenig Aufmerksamkeit für das, was man gerade tut, und das Gehirn kann sich anderen Dingen zuwenden. Manche der Passanten nutzten diese Gelegenheit vielleicht, um bewusst zu planen oder nachzudenken. Andere waren in ziellos umherschweifenden Gedanken versunken. Doch die fehlende Aufmerksamkeit für das Hier und Jetzt hatte ihren Preis: Allen ist etwas Wesentliches entgangen. Einer der besten Geiger der Welt, und das ganz umsonst.

Unabhängig von diesem konkreten Beispiel aus Washington stellt sich nun allerdings die Frage: Ist es möglich, dass auch Sie Ihre Achtsamkeit für die Konzerte dieser Welt etwas verbessern könnten? Dass Sie ohne diesen Autopilotmodus etwas gewinnen könnten? Beginnen Sie durch die Übung auf der rechten Seite, Ihren Autopilotmodus zu ergründen.

Übung „Ohren auf"

Noch ein Hinweis vorab: Für diese – und auch für andere Übungen – brauchen Sie einen Zeitgeber: Das kann ein Küchenwecker sein, ein Handy, eine App oder eine Armbanduhr mit Alarm. Es funktioniert alles, was Ihnen nach einer bestimmten Zeit ein akustisches Signal geben kann. Das ist und bleibt in dem Programm wichtig: Alle Achtsamkeitsübungen funktionieren mit Zeitgebern, die Ihnen die Aufgabe abnehmen, auf die Zeit zu sehen. Oder – noch einfacher – Sie nutzen statt des Zeitgebers die *Lebe Balance*-CD, die es im Handel gibt. Die Übungen werden Ihnen hier vorgelesen, Übungsanfang und -ende angesagt. Doch nun zur Übung „Ohren auf".

Stellen Sie Ihren Zeitgeber auf 5 Minuten. Nehmen Sie eine gerade Körperhaltung ein – viele Menschen finden es angenehm, sich auf die Vorderkante eines Stuhles zu setzen und die Füße parallel auf den Boden zu stellen, da sich die Wirbelsäule dabei automatisch aufrichtet. Die Hände finden auf den Oberschenkeln Platz, die Augen können Sie offen lassen oder, wenn es für Sie angenehmer erscheint, auch schließen. Wichtig aber ist, dass Sie Ihre Ohren öffnen. Denn die nächsten 5 Minuten sollten Sie Ihre gesamte Aufmerksamkeit ausschließlich auf die Geräusche konzentrieren, die das Leben im Augenblick für Sie bereithält.

Nehmen Sie die Geräusche wahr, ohne sie zu bewerten. Wie in einem Konzert. Wann immer Sie abschweifen oder irgendwelche Dinge denken, dann nehmen Sie dies kurz wahr und konzentrieren sich wieder auf die Geräusche. Die Übung dauert 5 Minuten. Nicht länger und nicht weniger. Beginnen Sie jetzt.

Zum Ansehen

Den Film zu diesem Experiment gibt es im Internet: **www.youtube.com/watch?v=hnOPu0_YWhw** *. Schauen Sie ihn sich an, es ist erstaunlich, mit welcher Selbstverständlichkeit die Passanten ihren Weg gehen, vorbei an der unglaublich intensiven und berückend schönen Musik. Wie ferngesteuert.*

Aus dem Bauch heraus

Wenn man sich in einem Zustand befindet, der emotional stimmig ist, fallen Entscheidungen häufig „intuitiv" und einfacher.

Wie wirkt Achtsamkeit?

Nun, wie ist es Ihnen mit der Übung „Ohren auf" ergangen? Wahrscheinlich waren Sie verblüfft, wie schwierig es ist, sich auch nur 5 Minuten auf die Geräusche der Welt zu konzentrieren, ohne dabei abzuschweifen. Das ist normal: Wenn Sie keine konkrete Aufgabe zu lösen haben, produziert Ihr Gehirn fortwährend Gedanken, Bilder und Gefühle, die kurz als bedeutsam erscheinen und sich dann wieder verflüchtigen – wie Rauch über einem brennenden Lagerfeuer. Das hat nicht viel zu bedeuten, außer, dass dies den Geist vernebelt. Wenn Sie Achtsamkeit praktizieren, suchen Sie dagegen eine Position, die es Ihnen ermöglicht, diesen „Rauch" von außen zu beobachten – dadurch lichtet sich der Geist und Sie erhalten Klarheit.

Achtsamkeit stärkt

Zahlreiche wissenschaftliche Untersuchungen haben gezeigt, dass das regelmäßige Üben von Achtsamkeit die psychische Gesundheit stabilisiert und stärkt. Achtsame Menschen sind weniger stressanfällig, zufriedener mit sich und ihrer Umgebung und reagieren besonnener auf die Herausforderungen des täglichen Lebens. Bei Personen, die regelmäßig zumindest ein bisschen Achtsamkeit oder Meditationstechniken praktizieren, wurden sogar eine Stärkung des Immunsystems und Veränderungen in den Hirnarealen für Aufmerksamkeit und Sinneswahrnehmungen festgestellt.

Achtsamkeit ordnet

Es ist erstaunlich, dass eine scheinbar so einfache Methode eine solch tiefgreifende Wirkung entfaltet. Wahrscheinlich liegt dies in der Besonderheit der Achtsamkeitsübungen begründet: Man ist gehalten, sein inneres Erleben – also die jeweiligen Gefühle, Gedanken, Befürchtungen, Begehrlichkeiten und die Körperwahrnehmungen – schlicht geschehen zu lassen. Zu beobachten und nicht zu bewerten.

Offensichtlich verfügt unsere Psyche über erhebliche Fähigkeiten zur Selbstorganisation. Soll heißen, wenn man zulässt, dass diese Prozesse sich aktivieren, so haben sie die Tendenz, etwas zu ordnen, zu vernetzen und neu zu organisieren. Die meisten Menschen beschreiben dies als einen wie von selbst ablaufenden Prozess, der als emotional „stimmig" wahrgenommen wird.

Achtsamkeit ändert Sichtweisen

Man entwickelt durch die Achtsamkeit eine Art wohlwollenden Abstand zu sich selbst, ohne dass man dabei emotional abstumpft oder gar „kalt" wird. Diese Haltung eröffnet vielen Menschen einen neuen Blickwinkel: Vielleicht kann man dies Weisheit nennen, denn weise Menschen nehmen sich nicht mehr ganz so ernst und nicht mehr ganz so wichtig.

Wie nebenbei erlebt man im Zustand der Achtsamkeit, dass die Emotionen und die Gedanken kommen und gehen. Dass sie abhängig sind von Alltagslaunen und irgendwelchen zufälligen Ereignissen und dass man manchmal auf harmlose Ereignisse aufs Heftigste reagiert.

Achtsamkeit und annehmende Haltung

Gewiss kennt das jeder von sich, wenn scheinbare Kleinigkeiten gewaltige Emotionen aufwallen lassen. Häufig liegt das daran, dass Geschehnisse an unangenehme frühere Erfahrungen erinnern. Das ist normal, schließlich wollen wir ja aus der Vergangenheit lernen. Doch manchmal bringen diese Verknüpfungen auch Probleme mit sich – immer dann, wenn durch diese Erfahrungen der Blick auf die heutige Realität verstellt wird. Sprich: Manchmal spielt sich großes Kino ab im Kopf und im Körper, obwohl die Dinge an sich nicht sonderlich schlimm sind.

Manchmal tut es gut, sich etwas zurückzulehnen und seinem inneren Treiben zuzusehen, anstatt sich permanent mit der Rolle des emotional gebeutelten Hauptdarstellers herumzuschlagen. Die Gelassenheit, die man dabei entwickelt, macht es einfacher, sich selbst und auch die Dinge erst einmal so anzunehmen, wie sie eben sind. „Annehmende Haltung" heißt daher ein Schlüsselbegriff der Achtsamkeit.

Das Sosein hinnehmen
Annehmende Haltung meint, die Dinge in ihrem Sosein anzunehmen, also mit all ihren Vor- und Nachteilen, Gerechtigkeiten und Ungerechtigkeiten. Schmerz, Elend, Krankheit, all dies sind Bestandteile der Welt. Dies bedeutet nicht, so zu tun, als ob die Dinge „gut" seien – die Dinge sind so, wie sie sind, weil die Bedingungen, dass sie hätten anders sein können, nicht existierten. Vieles im Leben ist extrem unangenehm, manches kann man ändern und manches nicht. Bei allem, was unangenehm ist, hat man den Drang, es zu ändern – auch das gehört dazu.

So wie ein Baum nicht ohne Rinde zu denken ist, gibt es keine Liebe ohne die Angst, verlassen zu werden.

Eine kurze Geschichte ...

Ein Zen-Mönch wurde einmal von einem modernen Menschen gefragt, welche geistlich-religiösen Übungen er pflege. Er antwortete: *„Wenn ich esse, dann esse ich. Wenn ich sitze, dann sitze ich. Wenn ich stehe, dann stehe ich. Wenn ich gehe, dann gehe ich."* Darauf der Frager: *„Das ist doch nichts Besonderes. Das tun doch alle!"* Da meinte der Mönch: *„Nein, wenn du sitzt, dann stehst du schon. Und wenn du stehst, dann bist du schon auf dem Weg."*

Wie übt man Achtsamkeit?

Hoffentlich ist es uns gelungen, Ihre Neugierde auf Achtsamkeit und annehmende Haltung zu wecken. Das würde uns freuen, und ein erster wichtiger Schritt wäre gemacht. Den zweiten Schritt müssen Sie nun in Eigenregie übernehmen: Es geht um das praktische Tun, denn Achtsamkeit kann man nur durch Übung erfahren – wie die meisten Dinge im Leben.

Wie aber übt man Achtsamkeit? Im Idealfall gibt es zwei Arten von Übungen, die sich gut ergänzen:

Die erste Art von Übungen ist klar strukturiert: Man nimmt sich eine gewisse Spanne an Zeit (5 bis 15 Minuten), stellt sich den entsprechenden Zeitgeber und widmet sich dieser Aufgabe. Meist besteht die Übung darin, seine gesamte Aufmerksamkeit auf eine einzige Sache zu konzentrieren. Dies können die eigenen Atemzüge sein, die Geräusche um einen herum, eine Folge von Zahlen, die Sie einzeln benennen, oder auch – falls Sie gehen – die Wahrnehmung Ihrer Füße, wie diese den Boden berühren: Gewicht aufnehmen, abrollen, Gewicht abgeben und den Boden wieder verlassen – so funktioniert achtsames Gehen.

Die zweite Art von Übungen findet im Alltag statt: Hier geht es darum, in seinen Alltag immer wieder kleine Mikro-Achtsamkeitsübungen einzubauen. Diese Übungen erfindet man am besten ganz persönlich für sich in seinen täglichen Gewohnheiten. Hier ein paar Beispiele, was Sie sich überlegen könnten.

- Nehmen Sie sich vor, dass Sie jedes Mal, wenn Sie eine Türklinke berühren, einen Moment innehalten und einen Zug lang ausschließlich auf Ihren Atem achten.
- Stellen Sie Ihre Uhr so (oder Ihr Handy), dass bei jeder vollen Stunde ein Signal ertönt – konzentrieren Sie sich dann auf drei volle Atemzüge.
- Wenn Sie viel telefonieren, gönnen Sie sich jedes Mal, bevor Sie den Telefonhörer abnehmen, zwei bewusste Atemzüge. Sie verlieren keine Zeit und gewinnen an Ruhe.

Martin Bohus

Drei Atemzüge!

Bei einem Seminar berichtete mir ein Teilnehmer, der als Versicherungsvertreter sehr viel Zeit – mit sehr viel Ärger – im Auto verbringt, dass es ihm sehr geholfen habe, bei jeder roten Ampel drei tiefe, konzentrierte Atemzüge zu genießen. Eine andere, etwas leicht aufbrausende Teilnehmerin erzählte, dass sie jedes Mal, wenn sie Wut und Ärger in sich aufsteigen fühlt, diese drei Atemzüge Pause nimmt, um damit ihre Achtsamkeit zu praktizieren. Und um Abstand zu gewinnen und zu beobachten. Sicherlich finden auch Sie Ihren ganz persönlichen Weg zu Ihrer alltäglichen Übung. Achten Sie auf Ihre Gelegenheiten und Anlässe.

Die Regelmäßigkeit des Übens

Vielleicht denken Sie beim Lesen des Kapitels, dass die Achtsamkeitsübungen keine besondere Herausforderung sind? Das täuscht – leider. Das Problem liegt darin, dass die Übungen manchmal anstrengend sind, und dass man sie dennoch regelmäßig durchführen muss. Eigentlich täglich, zumindest aber jeden zweiten Tag. Weshalb das wichtig ist? Nun, es geht darum, dass Ihr Gehirn eine neue Art zu denken erlernt. Und so wie wenn Sie beginnen, ein Instrument zu spielen oder zu tanzen, so ist es auch bei der Achtsamkeit notwendig, Lernprozesse regelmäßig zu wiederholen. Deshalb finden Sie am Ende jedes Kapitels den Hinweis auf eine Achtsamkeitsübung, die Sie in der darauffolgenden Woche praktizieren sollten.

Aber es gibt einen Kniff, der die Umsetzung erleichtert: Suchen Sie sich einen Zeitraum und einen Ort, an dem Sie regelmäßig üben können, und halten Sie sich beides dann auch frei. Selbst wenn es nur 5 Minuten sind, seien Sie in dieser Sache konsequent. Sollten Sie die Audio-CD besitzen, die es zu diesem Buch gibt, so fällt das Üben mit ihrer Hilfe noch einmal leichter.

Nicht einfach, aber möglich
5 Minuten klingen einfach? Auch diesmal müssen wir sagen: Nein, leider liest es sich wieder einfacher, als es ist! Wie oben erläutert, ist Planung ein sehr hilfreicher Weg, um es trotz aller Hindernisse zu schaffen. Smartphone-Besitzer können sich zudem durch spezielle Achtsamkeits-Apps unterstützen lassen. Die Apps erinnern an das Üben, geben den Übungsumfang vor, außerdem kann man die Übungen protokollieren. Manchen Menschen hilft diese technische Unterstützung sehr.

Was nun auch immer beim Erinnern hilft, das Üben selbst ist A und O. Regelmäßig praktiziert, wird Ihnen Achtsamkeit nützen, Ihre Befindlichkeit besser wahrzunehmen. Wie? Diese Frage lässt sich am besten beantworten, indem Sie sich auf eine Übung einlassen, die Sie auf der nächsten Seite finden, die Übung „Gedanken und Gefühle begrüßen".

Die Begleit-CD
Man kann es nicht anders sagen: die Lebe Balance-CD ist sehr praktisch! Mit ihrer Hilfe können Sie sich voll und ganz auf die Übungen konzentrieren, während Sie die Anleitungen hören und Ihnen der Übungsbeginn und das Übungsende angesagt werden.

Übung „Gedanken und Gefühle begrüßen" CD

Stellen Sie Ihren Zeitgeber auf 10 Minuten. Das erscheint Ihnen vielleicht zu lange, aber für diese Übung ist diese Zeit tatsächlich notwendig – wie oft vergeuden Sie sonst mal kurz 10 Minuten!? Nehmen Sie eine achtsame Sitzposition ein. Erinnern Sie sich? – Stichwort „vordere Stuhlkante".

Von Beginn der Übung an versuchen Sie, sich ausschließlich auf Ihren Atem zu konzentrieren. Beobachten Sie die Stelle an der Nasenspitze, an der die Atemluft aus- und einströmt. Versuchen Sie, an nichts anderes zu denken. Wann immer ein Gedanke oder ein Gefühl entsteht, so dürfen Sie es benennen: „*Aha, ich denke …*", oder „*Aha, ich fühle …*"

Begrüßen Sie Ihre Gedanken und Gefühle mit Milde, doch kehren Sie mit Ihrer Aufmerksamkeit dann wieder zurück zu Ihrem Atem. Halten Sie diese 10 Minuten durch. Beenden Sie bitte auf keinen Fall die Übung, bevor Ihr Zeitgeber Ihnen das Zeichen gibt. Sind Sie bereit? Dann führen Sie diese Übung jetzt durch.

Übung im Verdrängen

Ganz im Gegensatz zu Annahmen aus der Küchenpsychologie ist das Verdrängen von Gefühlen oft sehr nützlich und hilfreich. Ohne diese Fähigkeit könnten Menschen gar nicht arbeiten und würden andauernd übereinander herfallen – im lustvollen wie im feindlichen Sinne. Ungünstig wird es, wenn sich dieser Prozess automatisiert: Wenn man gar nicht mehr in der Lage ist, die unangenehmen Gefühle wahrzunehmen. Dann läuft man Gefahr, die wichtigsten Warnsignale für Überforderung zu verlieren.

Wahrnehmungen beim Üben

Wir dürfen davon ausgehen, dass Sie die Übung „Gedanken und Gefühle begrüßen" gemacht haben? Prima. Wir dürfen weiter davon ausgehen, dass Ihnen diese Übung nicht leichtgefallen ist? 10 Minuten können sehr lang sein. Sicherlich ist Ihnen dies durch den Kopf gegangen und einige andere Fragen noch dazu: *„Weshalb mache ich das überhaupt?", „Soll ich nicht lieber abbrechen?", „Soll ich nicht einfach weiterlesen?", „So ein Unsinn, das ist nichts für mich … Ich breche jetzt mal ab … Ich bin eh' müde …".*

Vielleicht haben Sie auch bemerkt, dass sich irgendwo in Ihrem Körper ein Unwohlsein oder sogar Schmerzen bemerkbar gemacht haben? Falls ja, vergegenwärtigen Sie sich noch einmal, aus welchem Grund Sie dennoch durchgehalten haben? Nun, das hat damit zu tun, dass Ihnen wahrscheinlich einige Dinge gelungen sind.

Einfach nur wahrnehmen
Zum Ersten haben Sie bei der Übung in aller Ruhe wahrgenommen, dass Sie gerade Schwierigkeiten haben, diese Übung durchzuführen. Sie haben wahrgenommen, dass Sie einige negative Gedanken haben, und Sie haben wahrgenommen, dass Sie eigentlich jede Menge Gründe hätten, das Ganze abzubrechen. Zum Zweiten haben Sie Ihren Gedanken nicht Folge geleistet. Sie haben sie wahrgenommen und haben sich wohl etwas in der Art gesagt: *„Schön und gut, das sind meine Gedanken, ich konzentriere mich wieder auf meinen Atem."* Und als Sie sich schließlich wieder auf den Atem konzentriert haben, sind diese Gedanken verschwunden. Dann kamen neue Gedanken, um sich wichtig zu machen. Damit ging das Ganze von vorne los. 10 Minuten lang. Und Sie haben vieles wahrgenommen und gelernt in dieser Zeit.

* *Es ist schwierig, sich auf den Augenblick zu konzentrieren.*
* *Gedanken und Gefühle kommen ganz automatisch.*
* *Ich kann meine Gedanken und Gefühle in Ruhe wahrnehmen und ertragen.*
* *Ich muss meinen Gedanken und Gefühlen nicht unbedingt sofort folgen, auch wenn sie unangenehm sind.*
* *Auch unangenehme Gedanken und Gefühle verschwinden, wenn es mir gelingt, mich wieder ganz auf den Augenblick zu konzentrieren.*

Unangenehme Gedanken und Gefühle
Während Sie Achtsamkeit üben, werden Sie immer wieder etwas wahrnehmen, das sich nicht so einfach auflösen lässt. Etwa Schmerzen. Aber auch unangenehme Gedanken und Gefühle, die Sie lieber nicht hätten. Häufig wandern die Gedanken während der Achtsamkeitsübungen auch zu Probleme oder auf Herausforderungen, die im Laufe des Tages anstehen. Üben Sie, all diese Gedanken und Gefühle wahrzunehmen und mit Milde zu begrüßen.

Als Übungsanfänger werden Sie ziemlich schnell feststellen, dass sich häufig ganz automatisch Bewertungen zu den Gedanken und Gefühlen hinzuschleichen. Quasi aus zweiter Reihe flüstert es etwa auf folgende Art: *„So sollte ich mich nicht fühlen", „So sollte ich nicht denken", „Das halte ich nicht aus", „Ich werde traurig werden, das wird mich überrollen".* In gewisser Weise sind solche Reaktionen auch verständlich, denn unangenehme Gefühle haben nun einmal die Eigenschaft, unangenehm zu sein, dazu sind sie da. Dennoch sind unangenehme Gefühle nützlich und wichtig, um Klarheit über Situationen und Begegnungen zu erhalten.

Die Brille der Vergangenheit

Wir alle erleben unsere Welt auch durch die Brille unserer Vergangenheit. Die Erfahrung „färbt" die Wirklichkeit. So entstehen auch Fehlfarben: Manche Menschen sind zum Beispiel extrem empfindlich gegenüber Kritik. Kleine Korrekturen des Vorgesetzten werden als „Zumutung" und „himmelschreiende Ungerechtigkeit" erlebt. Dies kann seine Ursachen in schlechten Erfahrungen mit einem despotischen Vater haben. Den Vater kann man leider nicht mehr ändern – aber es ist gut zu wissen, dass man in bestimmten Situationen zu empfindlich reagiert. So kann man seine Reaktionen anpassen.

Gefühle als Signale und als Irrlichter

Unangenehme Gefühle sind an sich wertvolle Signale. Sie können Ihnen wichtige Informationen vermitteln, wie Sie gerade die Umwelt erleben – Ihre Beziehungen, Ihre Freunde, Ihre Arbeit. Dennoch ist es nicht uneingeschränkt so, dass diese Emotionen berechtigt sind. So kann es sein, dass die Kritik eines Vorgesetzten begründet ist, sie aber dennoch als demütigend empfunden wird, weil schlechte Erfahrungen einen überempfindlich gemacht haben. Dann fühlen sich die Worte an wie ein Schnitt in eine alte Wunde, man verhält sich entsprechend wütend und verärgert.

Gefühle und Verhalten

So wichtig negative Gefühle sind, um sich zu orientieren, so irritierend können sie auch sein – es ist nicht immer einfach, herauszufinden, ob die Gefühle in einer entsprechenden Situation „gerechtfertigt" sind oder nicht. Wie also klären, ob eine Empfindung angemessen ist oder nicht?

* Nehmen Sie die Gedanken und Gefühle, die Sie gerade antreiben, wahr und an.
* Entwickeln Sie einen gewissen Abstand zu diesen Gedanken und Gefühlen, um Ihr Verhalten sinnvoll zu steuern.

Gedanken und Gefühle wahr- und annehmen

Wenn Sie unangenehme Gedanken und Gefühle immer sofort loswerden wollen, sobald sie auftauchen, engt dies Ihre Handlungsmöglichkeiten stark ein. Es macht Sie unflexibel.

Im Autopilotmodus legen sich viele Menschen eine harte Schale zu, an der die Gefühle abprallen. Das kann besonders im Beruf kurzfristig hilfreich sein und bei Stress belastbarer machen. Langfristig führt es jedoch oft dazu, dass die Stressauslöser, Konflikte und Probleme einfach übersehen werden und die Notwendigkeit, etwas zu verändern, gar nicht empfunden wird. Dummerweise dringen im Autopilotmodus auch positive Gefühle seltener durch die Schale und es ist gar nicht so leicht, die Schale auf dem Nachhauseweg wieder abzulegen.

Manchmal vermeiden Menschen auch Situationen, in denen negative Gefühle auftreten könnten, obwohl diese für sie sehr wichtig wären. Vielleicht kennen Sie es auch? Vielleicht schieben Sie es immer wieder vor sich her, mit Ihrem Chef über Belastungen und Probleme zu sprechen? Mit der Zeit wird der Gedanke daran immer unangenehmer und ist immer schwieriger aus dem Kopf zu drängen.

Abstand zu Gedanken und Gefühlen

Gedanken und Gefühle haben einen großen Einfluss darauf, wie man sich verhält. Besonders Gefühle gehen häufig mit einem Handlungsimpuls einher. Wenn Sie intensive Lust auf etwas erleben, etwa Schokolade, Kaffee oder auch saure Gurken, werden Sie versuchen, diese Lust umgehend zu befriedigen. Wer intensiv verliebt ist, möchte den Geliebten oder die Geliebte möglichst rasch und lange sehen. Bei Angst hat man den Impuls, zu fliehen oder anzugreifen. Bei Scham, sich zu verstecken. Bei Trauer, sich zurückzuziehen. Wenn Sie sich über jemanden oder etwas ärgern, haben viele Menschen den Impuls, den Ärger „rauszulassen". Sie beleidigen einen anderen Autofahrer, obwohl er sie durch die geschlossene Fensterscheibe nicht hören kann. Oder sie verpassen dem Computer einen Schlag, wodurch dieser höchstens ganz den Geist aufgibt.

Sie haben eine Wahl

Das Problem des Autopilotmodus ist, dass Sie in ihm meist sehr eng mit Gefühlen und Gedanken verstrickt sind. Manchmal folgen Sie diesen so automatisch, dass Sie sie vor dem Handeln gar nicht bewusst wahrnehmen. Vielleicht kommt Ihnen die eine oder andere dieser Situationen bekannt vor?

- Ein Arbeitskollege nervt Sie und Sie machen automatisch eine sarkastische Bemerkung.
- Ihr Partner oder Ihre Kinder bringen Sie immer wieder auf die Palme. Automatisch werden Sie ärgerlich und meckern los.
- Sie machen einen Schaufensterbummel, sehen eine nette Kleinigkeit und kaufen sie, ohne lange nachzudenken, ob Sie sie überhaupt gebrauchen können.
- Bei der Arbeit oder im Freundeskreis wird jemand gesucht, der eine Feier organisiert. Sie erklären sich spontan dazu bereit, ohne den Zeitaufwand zu überdenken.

In solchen Momenten kommt die Reaktion so spontan, dass es sich anfühlt, als hätten Sie keine andere Wahl. Selbst wenn Sie schon im selben Moment bemerken, dass Sie die Handlung hinterher bereuen – oder sich zumindest wünschen werden, anders gehandelt zu haben. Vielleicht haben Sie sich vorgenommen, geduldiger und freundlicher mit Ihren Arbeitskollegen und Ihrer Familie umzugehen? Vielleicht ist schon Ihre ganze Wohnung voller „netter Kleinigkeiten", die Sie überhaupt nicht brauchen? Vielleicht haben Sie überhaupt keine Zeit und Energie, die Feier zu organisieren? Abstand zu Ihren Gefühlen bringt Ihnen Handlungsmöglichkeiten, Freiheit, Wahl.

Angemessenheit

Oftmals ist es schwierig, sich über seine Gefühle Klarheit zu verschaffen. Sind diese Gefühle nun angemessen oder nicht? – eine schwierige Frage. Gefühle fühlen sich immer angemessen an. Der einfachste Weg, um Orientierung zu gewinnen, sind folgende Fragen: **„Was will ich eigentlich wirklich?" und „Ist das, was ich gerade tun will, auf diesem Weg kurzfristig und langfristig sinnvoll?".**

Aus dem Autopilotmodus aussteigen
Der Autopilotmodus hat durchaus seinen Sinn und seine Berechtigung. Im Alltag müssen Sie auf vieles automatisch reagieren und haben nicht immer die Zeit, lange darüber nachzudenken, was eine günstige Handlung wäre. Wenn Ihnen jemand eilig entgegenläuft, weichen Sie instinktiv aus. Es wäre eher unpraktisch, sich umrennen zu lassen, weil Sie die Situation erst analysieren möchten.

Es gibt jedoch Situationen, in denen es sinnvoll ist, aus den Autopilothandlungen auszusteigen. Das können Situationen sein, die Ihnen großes Kopfzerbrechen bereiten, die Sie noch Tage später beschäftigen und über die Sie vielleicht auch abends im Bett noch nachgrübeln. Oder Situationen, die immer wieder auftauchen und nach demselben Schema ablaufen, obwohl Sie sich wünschen würden, anders reagieren zu können.

Für solche Situationen ist es hilfreich, Abstand zwischen sich, die eigenen Gefühle und Gedanken und die Situation zu bringen. Erinnern Sie sich noch an die Beispiele? Ein Arbeitskollege nervt Sie und Sie machen automatisch eine sarkastische Bemerkung. Ihr Partner oder Ihre Kinder bringen Sie immer wieder auf die Palme. Die Faustregel lautet: Sobald Sie ruhelos werden und Dinge Sie sehr beschäftigen, tut Ihnen innere Distanz gut.

Den Augenblick wahrnehmen

Sie erinnern sich an die Passanten in der Metro, die ohne auch nur eine Spur von Aufmerksamkeit an einem der größten Geiger der Welt vorbeiliefen? Im Autopilotmodus waren sie von ihren inneren Programmen und Zielen bestimmt, ohne viel Spielraum. Ohne den jeweiligen Augenblick auch nur wahrzunehmen. Im Autopilot durchs Leben zu gehen, bringt die Gefahr, blind zu sein für die bezaubernden Momente des Alltags und die Möglichkeiten des Lebens – für den Geiger in der U-Bahn, die Blumen am Wegesrand, das interessante Gefühl zwischen Ihren Ohren ...

Gut zu wissen

Die Lehre der Achtsamkeit hat ihre Ursprünge in der buddhistischen Tradition. Die ursprünglichste Erfahrung von Achtsamkeit vermittelt die sitzende Meditation, in der Tradition des Zen-Buddhismus als „Zazen“ bezeichnet. Hier wird der Übende angewiesen, zwischen 10 und 30 Minuten in aufrechter Körperhaltung reglos zu sitzen. Die gesamte Aufmerksamkeit wird auf eine einzige Wahrnehmung gerichtet, um letztendlich alle Empfindungen und Gedanken hinter sich zu lassen. Dies wird als Weg zur „Erleuchtung“ (sartori) betrachtet. Erleuchtete Menschen erlangen einen geistigen Zustand, der es ihnen ermöglicht, die Grenzen der individuellen Erfahrung zu überschreiten, um ein tieferes Gefühl von Verbundenheit mit der Welt, dem Universum und einer göttlichen Kraft wahrzunehmen. Dies ist relativ selten. Sie können also beruhigt sein, Sie werden nicht plötzlich dauerhaft erleuchtet werden. Dennoch berichten ziemlich viele Menschen über derartige Erfahrungen von „kosmischer Verbundenheit“, die jedoch meist nur kurzfristig anhalten. Manche sind dadurch immens aufgewühlt, manche erleben dies als tiefe Beglückung und suchen ihr Leben lang, diesen Moment noch einmal zu erfahren.

Alle großen Religionen der Welt nutzen eine Form der Achtsamkeit, um ihren Gläubigen den Weg zu spiritueller Erfahrung zu ebnen. Im Christentum ist diese Tradition etwas in Vergessenheit geraten, dennoch gibt es sie – sie reicht zurück bis ins 4. Jahrhundert n. Chr. und wurde besonders von den christlichen Mystikern im Mittelalter betont. Der heilige Bernhard von Clairvaux (um 1090–1153) forderte beispielsweise auf, innezuhalten und die Dinge auf sich wirken zu lassen, wenn „du, eingekeilt in deine zahlreichen Beschäftigungen, keinen Ausweg mehr siehst“. In den Klöstern wurde die Tradition in den Exerzitien, den Zeiten des „kontemplativen“ Gebets und der Besinnung, weitergeführt.

Die wache Aufmerksamkeit nach innen und außen dient im Christentum der Erfahrung der Verbundenheit mit Gott. Im Alltag der praktizierenden Christen findet sich eine Form der Achtsamkeit in sich wiederholenden – fast könnte man sagen meditativen – Gebeten wie dem Rosenkranz bei den Katholiken oder dem Jesusgebet in der orthodoxen Kirche. Ebenso wie bei den Mantras in fernöstlichen Traditionen hilft die Wiederholung von Wortfolgen dabei, mit der Aufmerksamkeit ganz im Moment zu bleiben.

Balance-Übungen für die Woche 1

Ich bin kein Gedanke – ich habe einen Gedanken. Ich bin kein Gefühl – ich habe ein Gefühl.

Auf den folgenden beiden Seiten finden Sie drei Übungen, die Ihnen helfen werden, Distanz zu Ihren Gefühlen und Gedanken zu finden. Führen Sie diese bitte jetzt gleich durch.

An den restlichen Tagen dieser Woche denken Sie bitte an das tägliche Üben der Achtsamkeit. Diese Woche empfehlen wir Ihnen die Übung „Ohren auf" von Seite 23. Planen Sie am besten gleich für sich, wann Sie die Achtsamkeitsübung durchführen wollen, tragen Sie die Termine in Ihrem Kalender ein und haken Sie sie nach Erledigung ab.

Ein Tipp fürs Üben
Während Ihrer Achtsamkeitsübungen können Sie sich auf ein wichtiges Experiment einlassen, das viel zu Ihrer inneren Balance beiträgt:

Nehmen Sie auch gegenüber negativen Gedanken und Gefühlen eine annehmende Haltung ein, wenn Sie üben. Ersetzen Sie das *„So sollte ich nicht denken und fühlen"* durch ein *„Aha, da ist ein Gedanke"*, *„Aha, da ist ein Gefühl"*. Vielleicht können Sie diesen Gedanken und Gefühlen auch mit einem neugierigen Interesse begegnen – ohne etwas verleugnen oder verändern zu wollen. Versuchen Sie die Gedanken und Gefühle zu begrüßen: *„Hallo Gedanke. Ich habe dich zwar nicht eingeladen, aber schön, dass du da bist"*, *„Hallo Gefühl. Ich hätte nicht gedacht, dass ich dich hier treffe"*. Erlauben Sie diesen Gedanken und Gefühlen, sich neben Sie auf die Bank zu setzen und während Ihrer Achtsamkeitsübung da zu sein. Sie müssen sich schließlich in diesem Moment nicht näher mit ihnen auseinandersetzen. Damit beschäftigen wir uns später noch.

Übung „Seinen Gedanken zusehen“ CD

Nehmen Sie sich 5 Minuten Zeit, stellen Sie Ihren Zeitgeber. Nehmen Sie eine aufrechte und bequeme Haltung ein und konzentrieren Sie sich zunächst auf Ihren Atem. Lassen Sie Ihren Atem so strömen, wie er strömt. Beobachten Sie ihn einfach nur. Wenn Sie abschweifen, so bemerken Sie dies wohlwollend und gleichmütig und kehren wieder zum Atem zurück.

Wenn Sie das Gefühl haben, ruhig geworden zu sein, dürfen Sie sich selbst und Ihren Gedanken beim Denken zusehen. Geben Sie sich ein Stichwort: Wohnung. Und nun beobachten Sie in aller Ruhe, was Ihrem Verstand dazu einfällt. Dann geben Sie sich ein zweites Stichwort: Auto. Und nun beobachten Sie in aller Ruhe, was Ihrem Verstand dazu einfällt. Versuchen Sie, diese Gedanken nur zu beobachten, ohne sie zu bewerten. Geben Sie sich immer wieder Stichworte und beobachten Sie Ihr Kopfkino. Sonst nichts.

Übung „Seinen Gefühlen zusehen“ CD

Nehmen Sie sich 5 Minuten Zeit, stellen Sie Ihren Zeitgeber. Nun finden Sie eine aufrechte und bequeme Haltung für sich und konzentrieren sich zunächst auf Ihren Atem. Lassen Sie Ihren Atem so strömen, wie er strömt. Einfach nur beobachten. Wenn Sie abschweifen, so bemerken Sie dies wohlwollend und gleichmütig und kehren wieder zum Atem zurück.

Nun dürfen sie sich selbst und Ihren Gefühlen beim Entstehen und Vergehen zusehen. Geben Sie sich selbst ein Stichwort: Erste Liebe. Und nun beobachten Sie in aller Ruhe, welche Gefühle entstehen. Lassen Sie alle kommen und gehen, wie sie wollen, greifen Sie nicht ein, beobachten Sie, ohne zu bewerten. Dann geben Sie sich ein zweites Stichwort: unangenehmer Chef (oder Nachbar oder Lehrer ...). Und wieder beobachten Sie in aller Ruhe, welche Gefühle sich entwickeln. Lassen Sie auch diese alle kommen und gehen, wie sie wollen, greifen Sie nicht ein, und beobachten Sie, ohne zu bewerten. Auch hier: Kopfkino. Sonst nichts.

Übung „Das rohe Ei“ CD

Nehmen Sie ein rohes Ei und versuchen Sie, dieses Ei auf einer glatten Tischplatte zum Stehen zu bringen (das klappt tatsächlich!). Arbeiten Sie so lange daran, bis es steht. Beobachten Sie dabei Ihre Gedanken („*Das klappt nie*“, „*Ich habe ein besonders doofes Ei*“, „*Ich bin zu blöd dazu*“, „*Was soll diese Übung?*“) – und machen Sie weiter, bis das Ei steht.

Haben Sie bemerkt, wie hilfreich es ist, Ihre negativen Gedanken und Gefühle kurz zu begrüßen, um sich dann wieder auf das Ei zu konzentrieren?

Alles kommt und geht

Haben Sie es bei den Übungen wahrgenommen? Gedanken kommen und gehen. Gefühle kommen und gehen. Gefühle und Gedanken haben Einfluss auf Ihr Leben und Ihre Entscheidungen. Manchmal verändern sie Sie auch ein bisschen. Im Kern bleiben Sie selbst jedoch immer die Person, die Sie heute sind, gestern waren und morgen sein werden.

Woche 2

Sich selbst kennenlernen ...

Letzte Woche haben Sie erste Schritte unternommen in die Praxis der Achtsamkeit. Sie haben geübt, sich selbst ein wenig beim Denken und Fühlen zuzusehen. Diese Woche geht es darum, sich selbst gegenüber eine annehmende Haltung einzunehmen. Schließlich verbringen Sie ziemlich viel Zeit mit sich selbst, und es wäre günstig, wenn Sie einigermaßen gut mit sich auskommen würden. Die anderen machen doch schon Ärger genug.

… und fürsorglich begegnen

Kein Mensch kann sich wohlfühlen, wenn er sich nicht selbst akzeptiert.

Mark Twain (1835–1910)

Ziele dieser Woche

Sie werden auf den nächsten Seiten erfahren, warum es so schwerfällt, eine realistische Sicht auf sich selbst zu haben. Außerdem geht es darum, wie Sie sich selbst mit mehr Respekt, Mitgefühl und Fürsorge begegnen können. Und dann steht natürlich auch das praktische Üben auf dem Programm – Sie werden Gelegenheit haben, Ihren Fürsorglichen Beobachter zu trainieren.

Bilder von sich selbst

„Gut ist uns nicht gut genug". Dieser Werbeslogan einer ehemaligen deutschen Warenhauskette bringt eine menschliche Eigenheit auf den Punkt: In allen Menschen ist auch das Bedürfnis angelegt, einzigartig und herausragend zu sein. Die wettbewerbsorientierte Gesellschaft unterstützt dieses noch weiter. Wer wäre nicht gerne attraktiv, klug, witzig, interessant und erfolgreich?

Wie sich die Menschen selbst wahrnehmen, um diesen Idealen zu entsprechen, ist häufig überzogen! Allzu oft hat man eine rosarote Brille auf oder hat zumindest einen höheren Anspruch an sich selbst als an andere. In wissenschaftlichen Studien hält sich die Mehrheit aller Befragten für attraktiver, klüger, witziger, interessanter, netter und vertrauenswürdiger als andere Menschen. Menschen halten sich also selbst bei Laune, indem Sie sich fröhlich überschätzen!

Selbstüberschätzung damals und heute

Evolutionspsychologen – also Wissenschaftler, die sich mit der historischen Entwicklung der Psyche beschäftigen – haben zur Selbstüberschätzung eine einleuchtende Theorie (auch wenn diese

Übung „Selbsteinschätzung"

Verglichen mit Personen, die mir in Bezug auf Bildung, Geschlecht und Alter ähnlich sind, fühle ich mich ...

	weniger ...	ähnlich ...	mehr ...
attraktiv			
klug			
witzig			
interessant			
sympathisch			
vertrauenswürdig			

Unter uns gesagt

Auch jeder der an diesem Buch beteiligten Autoren hält sich insgeheim für ein klitzekleines bisschen besser als die anderen drei – zumindest in einer dieser Eigenschaften.

leider nicht überprüfbar ist, die fernen Vorfahren können ja nicht mehr gefragt werden). Von Folgendem gehen die Evolutionspsychologen heute also aus:

Das Überleben der Urmenschen hing von ihrem Rang in einer sozialen Gruppe ab: Je wichtiger das Mitglied einer Horde war, also je höher sein Rang, desto einfacher war es, an die meist knappen Nahrungsmittel und an die attraktivsten Partner ranzukommen. Dieses Verhalten – Selbstüberschätzung und hoher Ansporn – führte auch dazu, dass dieses Mitglied mehr Nachkommen in die Welt setzen und durchfüttern konnte. Menschen, die diese Strategie gut beherrschten, haben sich also durchgesetzt. Und da Sie selbst ein Nachfolger dieses Erfolgsmodells sind, haben Sie all diese unwiderstehlichen Eigenschaften geerbt. Herzlichen Glückwunsch, so nebenbei. Allerdings können diese alten Vorteile in der modernen Welt auch zum Nachteil werden: Man wird leicht zu seinem eigenen Anpeitscher. Doch dazu später mehr.

Probieren Sie das mit der Selbstein- beziehungsweise Selbstüberschätzung am besten einmal mit der links stehenden Übung aus und versuchen Sie, offen und ehrlich zu antworten – Sie müssen die Ergebnisse ja niemandem zeigen. Vergleichen Sie sich selbst mit anderen Menschen, die Ihnen ähnlich sind in Bezug auf Bildung, Alter und Geschlecht und tragen Sie Ihre Einschätzung ein.

Die Kehrseite der Medaille

Die „Gut ist uns nicht gut genug"-Strategie hat eine unangenehme Kehrseite, die die meisten von Ihnen sicherlich auch schon kennengelernt haben. Die hohen Ansprüche, die man sich selbst setzt, sind in der Realität oft einfach nicht erreichbar. Kein Mensch kann immer attraktiv, klug, witzig, interessant und erfolgreich sein. Jeder Mensch macht Fehler – seien sie nun groß oder klein. Kommt Ihnen Folgendes bekannt vor? Während Sie Freunde mit dem Sprichwort „Nobody's perfect" trösten, verhalten Sie sich sich selbst gegenüber ungnädig: Sie kritisieren sich, und zwar oft erbarmungslos.

In der Selbstkritik greift man häufig auf Sätze zurück, die man in der Vergangenheit von engen Bezugspersonen gehört hat, Eltern, Lehrer, Geschwister oder Klassenkameraden beispielsweise. Einige dieser Sätze waren zum damaligen Zeitpunkt sehr verletzend. Besonders Kinder können untereinander grausam sein: *„Du bist doof"* oder *„Du bist ein Verlierer"*. In den letzten Jahren hat sich unter Jugendlichen der – nicht immer scherzhaft gemeinte – Gebrauch des Schimpfworts *„Du Opfer"* so weit verbreitet, dass es bereits Liedtexte und Kurzfilme mit diesem Namen gibt.

Ein Fachterminus der besonderen Art

Es gibt einen englischen Fachbegriff für die Gewohnheit, sich selbst für wertlos zu halten. Obwohl fast jeder Selbstkritik kennt, ist das Wort sogar für Muttersprachler kaum auszusprechen: Floccinaucinihilipilification.

Aber nicht jeder innere Kritiker speist sich aus schlechten Erfahrungen. Andere Sätze waren damals gar nicht als Kritik oder Angriff gemeint, sondern sollten eigentlich anspornen. Doch der innere Kritiker macht aus *„Streng dich mehr an"* allzu gerne *„Du strengst dich einfach nicht genug an!"* – er kann ziemlich hämisch sein, der innere Kritiker.

Selbstkritik als Strategie
Auch Selbstkritik lässt sich evolutionspsychologisch als sozialer Schutzmechanismus erklären: als Reaktion auf die Angst, sich durch einen Fehler in der Gruppe bloßzustellen und damit herabgewürdigt oder gar aus der Gruppe ausgestoßen zu werden. Wer sich selbst schlechtmacht, ordnet sich dem Gegenüber und der Gruppe unter. Diese Unterwerfung löst bei anderen meist Fürsorge, Wohlwollen und Sympathie aus.

Selbstkritik kann auch eine innere Verteidigungsstrategie sein. Bevor man sich der Kritik anderer aussetzt, sich blamiert oder sich beschämen lässt, erledigt man das lieber selbst. Derart bestraft, kann einen die Welt nicht mehr schrecken. Allerdings hat die Selbstkritik auch ihre Schattenseiten. Was zu Beginn schützend oder verteidigend war, kann schnell zur Gewohnheit werden. Der innere Kritiker wird dann immer stärker und kann Menschen in die Depression treiben. Dann wirft die Selbstkritik ihre Schatten auf alles, was man tut. Nichts ist mehr gut, nichts kann mehr uneingeschränkt genossen werden. Bevor wir uns damit beschäftigen, wie wir das Dilemma zwischen Selbstüberschätzung und Selbstkritik lösen können, laden wir Sie ein, Ihren inneren Kritiker auf Papier zu bannen. Schreiben Sie eine „Top-10-Hitliste" Ihrer Kritikersätze.

Übung „Hitliste kritischer Gedanken"

1.
2.
3.
4.
5.
6.
7.
8.
9.
10.

Übung „Was brauche ich gerade?“ CD

Die Grundlage für einen wohlwollenden Umgang mit sich selbst haben Sie mit den Achtsamkeitsübungen schon gelegt. Halten Sie einen Moment inne und beobachten Sie achtsam, wie Sie sich gerade fühlen. Wie ist Ihre Sitzposition? Ist Ihnen warm oder kalt? Haben Sie Durst oder müssen Sie auf die Toilette?

Fragen Sie sich: *„Was empfinde ich gerade?“*

Erkennen Sie diese Wahrnehmung so an, wie sie gerade ist, und überlegen Sie sich im nächsten Schritt, wie Sie sich jetzt im Moment etwas Gutes tun können.

Fragen Sie sich: *„Was brauche ich in diesem Moment?“*

Vielleicht möchten Sie sich bequemer hinsetzen oder beim Lesen eine Pause machen, um sich etwas zu trinken zu holen. Seien Sie sorgsam und liebevoll zu sich selbst.

Übung „Ein guter Freund sein“

Den meisten Menschen fällt es leicht, gegenüber geliebten Menschen eine freundliche und wohlwollende Haltung einzunehmen. Nehmen Sie sich einen Moment Zeit und überlegen Sie, was Sie einem guten Freund sagen würden, der nach einem langen Tag bei Ihnen Zuspruch und Unterstützung sucht. Lesen Sie sich durch, was genau passiert ist, und notieren Sie sich in Stichpunkten daneben Ihre tröstenden Worte.

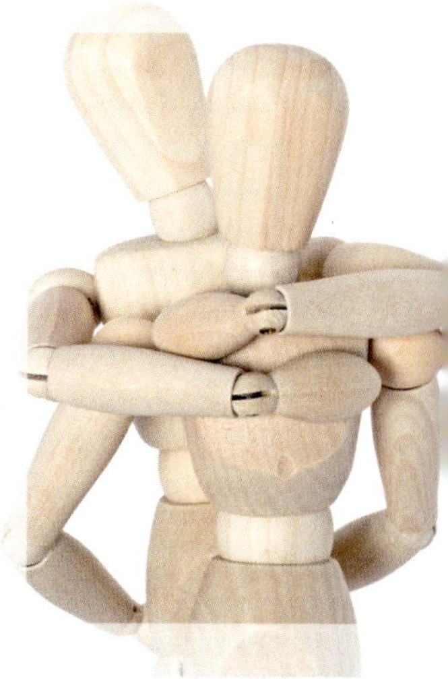

Heute ist einfach alles schiefgelaufen. Ich habe mir Kaffee übers Hemd geschüttet und bin deswegen zu spät zur Arbeit gekommen. Mein Chef war schon schlecht gelaunt, weil ich gestern nicht ganz fertig geworden bin, und hat mich total runtergeputzt. In der Mittagspause wollte ich mir ein schönes Essen gönnen, aber mein Lieblingsrestaurant hatte Betriebsferien und ich bin den ganzen Weg umsonst gegangen. Dann hab ich mich am Telefon mit meiner Mutter in die Haare bekommen, weil sie mal wieder ganz bestimmte Vorstellungen hat, was ich an Weihnachten alles tun soll. Auf dem Nachhauseweg hat es angefangen zu schütten. Meinen Schirm habe ich im Büro vergessen und bin bis auf die Haut nass geworden.

Meine tröstenden Worte:

Der Umgang mit sich selbst
Haben Sie die Übung „Ein guter Freund sein“ auf Seite 42 durchgeführt? Gut. Nun stellt sich die Frage: Wie aber würden Sie mit sich selbst umgehen, wenn Sie einen chaotisch anstrengenden Tag hinter sich gebracht hätten? Wären Sie sich freundlich und tröstend begegnet?

Tatsache ist: Es ist nicht einfach, die Gewohnheit des Etikettierens, Schönfärbens oder Kritisierens aufzugeben. Manche Menschen befürchten, eitel, selbstmitleidig oder großspurig zu werden. Der Fürsorgliche Beobachter ist jedoch niemand, der alles unter den Tisch kehrt, was falsch gelaufen ist oder sich unangenehm anfühlt.

Wahrzunehmen, was nicht gelungen ist, ist ein prima Motivator, es in Zukunft besser hinzubekommen. Sie müssen sich deswegen aber nicht fertigmachen. Stattdessen können Sie diese Wahrnehmung nutzen, um zu verstehen, was passiert ist, und können Ihr Mitgefühl dafür spenden, wie unangenehm sich das anfühlt oder angefühlt hat.

Gehen wir noch einmal zur letzten Übung zurück. Vielleicht wissen Sie von Ihrem Freund, dass er morgens oft zu lange im Bett bleibt und der Kaffeefleck nicht der einzige Grund war, warum er zu spät gekommen ist. Wahrscheinlich würden Sie ihn aber nicht dafür zurechtweisen: *„Selbst schuld, wenn du nicht rechtzeitig aufstehst“*. Wenn er Sie jedoch um Rat bittet, wie er solche Tage in Zukunft vermeiden kann, könnten Sie ihn freundlich darauf hinweisen, dass ein verbessertes Zeitmanagement ein Weg wäre.

Übung „Das eigene Empfinden fürsorglich wahrnehmen“ CD

Nachdem Sie sich um Ihren Freund gekümmert haben, möchten wir Sie einladen, Ihren eigenen Fürsorglichen Beobachter zu erleben. Können Sie sich erinnern, wann Ihnen zuletzt etwas passiert ist, das Ihnen zutiefst peinlich und unangenehm war? Oder an einen Tag, an dem Ihrem Gefühl nach alles schiefgelaufen ist?

Lesen Sie bitte die Anleitung noch zu Ende und stellen Sie Ihren Zeitgeber dann auf drei Minuten ein, um sich ganz auf die Übung einlassen zu können. Schließen Sie die Augen und gehen Sie in Gedanken zu dieser Situation zurück. Nehmen Sie all die unangenehmen Gefühle wahr, die dabei aufkommen – versuchen Sie nicht, sie wegzudrängen. Gleichzeitig geben Sie sich all Ihr Verständnis, Ihre Zuneigung und Ihr Mitgefühl dafür, dass Sie diese Situation erlebt haben.

Wenn Ihnen diese Übung sehr schwerfällt, können Sie sich zunächst vorstellen, wie eine Person, die Sie von ganzem Herzen liebt, Sie getröstet hätte. Übertragen Sie das Gefühl, das dabei aufkommt, auf sich selbst.

Eine annehmende und fürsorgliche Haltung

Der Fürsorgliche Beobachter kann Ihr Leben nachhaltig verändern. Er schließt den Graben zwischen Selbstlob und Selbstkritik und trägt damit ganz wesentlich zu innerer Stärke und Stabilität bei. Doch einen ganz wichtigen Punkt haben Sie noch nicht kennengelernt: Der Fürsorgliche Beobachter kann Ihnen auch helfen, einen neuen Umgang mit Ihren Mitmenschen zu entwickeln.

Im Laufe Ihres Lebens werden Ihnen bereits jede Menge Menschen begegnet sein, die Ihnen schlicht unsympathisch sind. Manchmal gelingt es, diesen Menschen einfach aus dem Weg zu gehen – Sie können sich Ihre Freunde schließlich selbst aussuchen. Mit schöner Regelmäßigkeit sind diese unangenehmen Personen jedoch auch Nachbarn, Kollegen oder Partner von Freunden und Verwandten – Menschen, denen Sie eben nicht so einfach ausweichen können.

Hadern und kämpfen

Vielleicht sind diese Personen nicht nur unsympathisch, sondern im Alltag auch richtig unangenehm. Sie nerven, regen auf oder haben Dinge getan, die kaum zu verzeihen sind. Halten Sie kurz inne und denken Sie an eine solche Person. Nehmen Sie achtsam wahr, welche Gefühle in Ihnen entstehen.

Wie gehen Sie mit den Gefühlen normalerweise um? Hatten Sie schon einmal die Fantasie, der Person so richtig Ihre Meinung zu sagen? Sie auf den Mond zu schießen oder dahin zu schicken, wo der Pfeffer wächst? Der innere Aufruhr, das Hadern und Grübeln schaden leider nur einem: Ihnen selbst. Mithilfe Ihres Fürsorglichen Beobachters können Sie nicht verhindern, dass es unangenehme Menschen gibt. Sie können jedoch lernen, diesen Menschen mit einer anderen Haltung zu begegnen – und somit das eigene Hadern und Kämpfen aufzugeben.

Die Übung „Liebevolle Güte“ ist ein erstes Wegstück zur veränderten Haltung. Sie finden Sie unten stehend, führen Sie sie bitte durch.

Übung „Liebevolle Güte“ CD

Nehmen Sie sich 5 Minuten Zeit, stellen Sie Ihren Zeitgeber. Nehmen Sie eine aufrechte und bequeme Haltung ein, öffnen Sie Ihre Hände und konzentrieren Sie sich zunächst auf Ihren Atem. Lassen Sie Ihren Atem so strömen, wie er strömt. Einfach nur beobachten. Wenn Sie abschweifen, so bemerken Sie dies wohlwollend und gleichmütig und kehren wieder zum Atem zurück.

Denken Sie dann an jemanden, den Sie sehr gerne mögen. Jemand, der Ihnen nahesteht, oder jemand, den Sie lieb haben. Stellen Sie sich diese Person vor und denken Sie ganz intensiv die folgenden Sätze: *„Möge es dir gut gehen, mögest du glücklich sein, so wie du bist.“* Bewahren Sie sich diese Fürsorglichkeit und Milde, die bei diesem Satz entsteht, und denken Sie an eine zweite Person. An jemanden, der Ihnen nicht so nahesteht, einen Kollegen oder Bekannten. Senden Sie ihm mit der gleichen Fürsorge diese Wünsche: *„Möge es dir gut gehen, mögest du glücklich sein, so wie du bist.“*

Schließlich denken Sie an sich selber. Mit der gleichen Intensität, mit der Sie es der ersten Person gesagt haben, sagen Sie es nun zu sich selber. *„Möge es mir gut gehen. Möge ich glücklich sein, so wie ich bin. Möge ich Kraft haben, die Dinge, die mir wirklich wichtig sind im Leben, auch zu leben.“*

Balance-Übungen für die Woche 2

Bleibt unerschütterlich, nicht im Kämpfen, sondern in der Liebe.

Aus dem Buddhismus.

Diese Woche laden wir Sie ein, Ihren Fürsorglichen Beobachter zu trainieren. Dazu eignen sich besonders die beiden Übungen „Was brauche ich gerade?“ (Seite 41) und „Liebevolle Güte“ (Seite 44).

1. Die Achtsamkeit trainieren

Reservieren Sie diese Woche am besten täglich (mindestens aber an vier Tagen) jeweils fünf Minuten, in denen Sie sich zurückziehen, um sich ganz in Ruhe auf die Übung „Liebevolle Güte“ einlassen zu können.

Notieren Sie sich im Vorfeld wieder, wann und wo Sie üben möchten, und haken Sie durchgeführtes Üben ab.

2. Bedürfnisse wahrnehmen

Die Übung „Was brauche ich gerade?“ eignet sich gut für den Alltag.
Sie können sie überall und jederzeit durchführen. Wir empfehlen Ihnen jedoch, sich zur Erinnerung ein Merkzettelchen zentral in die Wohnung zu hängen oder ein Piepsen auf Handy oder Uhr einzuspeichern.

Woche 3

Wissen, was wirklich zählt ...

Werte sind unsere persönlichen Leitprinzipien. Sie geben uns Antwort auf Fragen wie „Was ist mir im Leben wirklich wichtig?“ und „Wie will ich mich grundsätzlich verhalten?“. Werte geben unserem Leben Orientierung, Motivation und Sinn. Wenn wir unsere Werte umsetzen, fühlt sich dies stimmig und erfüllt an. Unser Leben ist reich, auch wenn die Dinge anstrengend sind oder manchmal belastend. Wenn wir auf Dauer wichtige Werte vernachlässigen oder gegen wichtige Werte handeln müssen, verlieren wir Motivation und Energie. Zweifel und Sinnlosigkeit machen sich breit: Wir werden anfällig für psychische Störungen. Dann ist es an der Zeit, etwas zu ändern.

… die persönlichen Werte

Wenn du auf dem Meer bist, solltest du auf deinen Kompass achten – ohne dabei die Klippen und Untiefen zu übersehen, die es zu umschiffen gilt.

Ziele dieser Woche

Zunächst geht es um die grundsätzliche Bedeutung von Werten. Dann werden Sie Ihre wichtigsten persönlichen Werte entdecken und abwägen, wie gut Sie diese in Ihrem Leben umsetzen. Sie werden sich einige Leitsätze erarbeiten, sogenannte Mottos, die Ihnen Orientierung und „innere Führung" geben. Außerdem erstellen Sie Ihr Werteprofil, auf dem Ihre persönlichen Werte klar werden. Es könnte eine spannende Woche werden …

Was sind Werte?

Diese Woche möchten wir mit einer kleinen Aufgabe beginnen lassen. Einer Aufgabe, durch die Sie sich in einem ersten Schritt Ihren persönlichen Werten annähern.

Übung „Die Rede zum 80. Geburtstag“

Stellen Sie sich vor, Sie müssten Ihren 80. Geburtstag planen. Nicht die ganze Jubelfeier, die meiste Arbeit erledigen dann andere für Sie. Aber ein guter Freund ist an Sie herangetreten, er möchte die Geburtstagsrede übernehmen. Und weil er Sie eine ganze Weile nicht gesehen hat, fragt er: *„Sag mal, was war dir denn im Leben wirklich wichtig? Für was hast du gekämpft? Und wie möchtest du, dass deine Freunde oder deine Familie über dich reden?“*. *„Also gut“*, Sie seufzen ein wenig und machen sich an die Arbeit: *„Ich schreibe dir ein paar Stichworte auf.“*

Rede zum 80. Geburtstag – Stichworte

Haben Sie sich Ihre Stichworte notiert? Dann weiter zum zweiten Teil der Aufgabe: Jetzt stellen Sie sich vor, die Geburtstagsfeier ist im vollen Gange. Sie sind noch rüstig und lauschen gerührt der Rede Ihres Freundes. Alle sind beeindruckt. Aber Sie können sich eines gewissen Schmunzelns nicht erwehren. Das, was hier gewürdigt wird, das ist für die Öffentlichkeit bestimmt. Aber es gibt ja noch ein paar ganz andere Seiten an Ihnen. Sozusagen „streng geheim“, aber trotzdem wichtig für ein gelungenes Leben. *„Wenn die wüssten …“* Was geht Ihnen durch den Kopf? Was ist Ihnen noch wichtig im Leben?

„Streng geheim“ – was ist noch wichtig?

Übung „Lebensmottos formulieren“

Sie haben die Aufgaben rund um Ihren 80. Geburtstag erledigt? Vielen Dank.

Haben Sie es bemerkt? Sie haben sich gerade Gedanken gemacht über Ihre persönlichen Leitmotive. Also über das, was Ihnen in Ihrem Leben „wirklich wichtig ist“, über das, was am Ende zählt. Gelingt es Ihnen, aus den notierten Stichpunkten Leitmotive, also Lebens-Mottos zu entwickeln? Eine schwierige Aufgabe? Schauen Sie sich die folgenden Beispiele an. Wir haben diese „Geburtstagsrede“ schon in zahlreichen Seminaren durchgeführt:

Ein Seminarteilnehmer hatte in seiner „Geburtstagsrede“ betont, dass es dem werten Jubilar Zeit seines Lebens ein Herzensanliegen war, seinen Kindern eine gute Erziehung und Ausbildung zu ermöglichen. Er formulierte das Motto *„Mir ist es wichtig, dass ich mich um meine Familie kümmere“*. Ein anderer, in dessen Geburtstagsrede erwähnt wurde, dass der hochgeschätzte Jubilar bei seinen Kollegen sehr beliebt war, schrieb: *„Mir ist es wichtig, ehrlich und fair zu meinen Kollegen zu sein.“* Ein dritter notierte unter „streng geheim“: *„Wenn die wüssten, wie gerne ich mit meinen Freunden im Wirtshaus saß“*. Als Motto entstand daraus: *„Mir ist es wichtig, mit meinen Freunden Spaß zu haben“*.

Lebensmottos notieren

Also, jetzt sind Sie dran: Könnten Sie versuchen, vier Mottos zu entwickeln, indem Sie sich Ihre „Rede“ und die Gedanken unter „streng geheim“ noch einmal vor Augen führen? Schreiben Sie sich die Mottos auf.

- ______________________________
- ______________________________
- ______________________________
- ______________________________

Hat es jetzt geklappt mit den Mottos? Haben Sie sich vier Mottos notiert? Prima, vielen Dank! Wir werden uns im Folgenden ausführlicher mit diesen Mottos beschäftigen. Doch zunächst sollte erklärt werden, was es damit eigentlich auf sich hat.

Von Mottos zu Werten kommen

Die Mottos können auch als Ihre Lebensleitlinien bezeichnet werden und als Ihre Werte. „Werte“, das klingt für manche etwas verstaubt, für andere zu moralisch, einige können auch gar nichts damit anfangen. Doch Tatsache ist: Werte sind ein hochaktuelles Thema. Die moderne Psychologie richtet ihren Blick mehr und mehr auf Werte, weil immer klarer wird, dass die Umsetzung von Werten Bedeutung für ein sinnerfülltes Leben hat.

Michael Wenner

Aufgaben und Übungen

Verspüren Sie auch manchmal – oder vielleicht sogar immer – den Wunsch, lieber gleich weiterlesen zu wollen, wenn Ihnen Aufgaben und Übungen begegnen? Haben Sie keine Lust, diese durchzuführen? Das ist normal. Vielleicht stellen Sie sich kurz die folgende Frage: Will ich mich über Lebe Balance *nur ein bisschen informieren oder möchte ich aktiv daran teilnehmen, mit der Chance, mein Leben stärker in Balance zu bringen? Kreuzen Sie doch auf dieser offenen Skala an, wie viel Sie von diesem Programm in Ihr Leben mitnehmen wollen:*

0	3	5	7	10
gar nichts	*ein bisschen*	*mittel*	*eher viel*	*sehr viel*

Nun, wenn Sie Ihr Kreuzchen rechts von 3 gesetzt haben, so sollten Sie sich auf jeden Fall überreden, Aufgaben und Übungen auch durchzuführen, obwohl es natürlich bequemer wäre, einfach weiterzulesen. Aber wenn Sie Veränderung in Ihrem Leben möchten, wird es ohne diese Arbeit nicht gehen.

Ein Gespür für Werte

Werte sind Entwürfe und Vorstellungen von uns selbst, wie wir sein wollen und wie wir sein sollten. Es geht also nicht darum, wie man ist, sondern wie man den Dingen der Welt „eigentlich" begegnen will. Wie wir mit den anderen Menschen eigentlich umgehen wollen und wie wir eigentlich zu uns selbst stehen wollten. Sie haben etwas mit einem inneren Ideal zu tun.

Diese Ideale von sich selbst entwickeln Menschen im Laufe ihres Lebens. Natürlich beeinflusst von Erziehern, Freunden, Medien und anderen Faktoren.

Niemand kann immer genau sagen, woher seine persönlichen Werte kommen, aber jeder hat ein Gespür dafür, was seine persönlichen Werte sind – auch wenn er sie nicht in klare Worte fassen kann. Werte sind Richtungsgeber für Ihr Leben.

Werte als Wegweiser – ein Gedankenexperiment
Nehmen wir an, Sie hätten genug Geld und müssten sich nicht mehr um Ihr Auskommen kümmern. Was würden Sie dann tun, und weshalb kämen Sie zu dieser Entscheidung? Nehmen wir an, Sie könnten mit einigen Ihrer Freunde einige Monate in Urlaub fahren. Wen würden Sie wählen, und weshalb wären genau diese Personen Ihre Lieblingsreisebegleiter? Nehmen wir an, Sie könnten die Art, wie Sie mit Ihrer Familie umgehen, völlig frei gestalten. Wie würden Sie sich verhalten, und weshalb ist das Ihre Wunschvorstellung? Die Antworten sind in Ihren persönlichen Werten zu suchen.

Ihre persönlichen Werte geben in Ihrem Leben die Richtung vor. Werte sind wie ein Kompass. Ein Kompass hilft Ihnen, im Leben auf Kurs zu bleiben. Wenn Sie sich an Ihren Werten orientieren, ist es, als würden Sie beispielsweise immer nach Osten laufen. Doch wie weit Sie sich auch immer in dieser Richtung bewegen, Sie werden nie endgültig im Osten sein. Werte sind keine Ziele. Es geht nicht darum, irgendwo anzukommen oder etwas zu erreichen, es geht darum, sich auf den richtigen Weg zu begeben und zu bleiben. Werte umzusetzen, darauf kommt es an, und zwar immer im Hier und Jetzt.

Werte als Richtungsgeber für Ihr Leben

Nur wenige Menschen sind in der Lage, ihre wichtigsten Werte aus dem Stegreif sofort zu benennen, obwohl genau das ein großer Vorteil wäre, denn Werte haben drei wichtige Bedeutungen:
Werte geben unserem Leben eine Richtung.
Werte geben unserem Leben Energie.
Werte geben unserem Leben Sinn.

Werte wollen in der Gegenwart umgesetzt werden. Ziele in der Zukunft.

Werte und Ziele
Man kann den Unterschied zwischen Werten und Zielen vergleichen mit dem Unterschied zwischen Heiraten und Lieben – diesen sehr anschaulichen Vergleich hat Steven C. Hayes entwickelt, der Psychologie-Professor an der Universität von Nevada ist. Wenn Sie lieben wollen, so ist dies ein Wert. Sie können dies jederzeit tun. Es ist Ihr eigener Entschluss: Sie können entweder im Sinne dieses Wertes handeln oder ihn vernachlässigen und missachten.

Wenn Sie heiraten wollen, so ist dies etwas anderes, als wenn Sie lieben wollen. Heiraten ist ein Ziel. Das können Sie erreichen, dann können Sie an das Ziel einen Haken machen und es von der Liste streichen. Oder Sie können daran scheitern – immerhin gehören ja zwei zum Heiraten.

Sie können nie sicher sein, Ihre Ziele zu erreichen. Sie können das versuchen, und Sie können scheitern. Aber Werte sind deutlich kraftvoller als Ziele. Selbst wenn Sie zum Beispiel niemals heiraten, können Sie lieben – auch wenn Sie keinen Partner haben: Ihre Mitmenschen, Tiere, Musik, Natur oder Gott – all dem kann Ihre Liebe gelten. Es liegt also ausschließlich in Ihrem Ermessen, ob Sie sich nach Ihren Werten orientieren und entsprechend handeln.

Werte als Energiegeber für Ihr Leben
Stellen Sie sich vor, Sie kommen abends nach Hause, Sie sind ziemlich erschöpft, der Tag war lang, es gab jede Menge Ärger und anstrengende Gespräche. Am liebsten würden Sie sich nur noch auf das Sofa legen und dösen. Im Fernsehen läuft Ihre Lieblingsserie, müde nehmen Sie die Fernbedienung und schalten ein. Da ruft Ihre beste Freundin an: Es gehe ihr schlecht, ihr Partner mache Schwierigkeiten. Sie bräuchte jemanden zum Reden, und zwar jetzt gleich und von Angesicht zu Angesicht …

Was würden Sie in einem solchen Fall tun? Würden Sie die Freundin abwimmeln, liegen bleiben und durch das Programm zappen oder würden Sie sich ins Auto setzen und losfahren? Das hängt davon ab, ob „wohlwollende Unterstützung und Hilfsbereitschaft“ zu Ihren persönlichen Werten gehört. Nehmen wir mal an, dieser Wert wäre für Sie wichtig. Sie würden sich aufrappeln, eine Weile fahren, sich mit ihr in die Kneipe setzen, geduldig zuhören, nach guten Ratschlägen suchen, mit Ihrer Freundin leiden – all dies würden Sie tun. Aber eines wären Sie nicht: nämlich müde und erschöpft. Weshalb? Nun, weil es Ihnen wertvoll ist, für Ihre Freundin da zu sein.

Werte leben
Wenn Sie Werte umsetzen, die Ihnen persönlich wichtig sind, gewinnen Sie daraus Motivation und Energie. Sehr intensive Energie sogar.

Werte als Sinngeber für das Leben
Nun stellen Sie sich bitte folgende Szene vor: Sie sitzen mit einer älteren Bäuerin zusammen. Sie ist schon ziemlich müde in den Knochen und alles schmerzt ein wenig. Ihr Leben lang hat sie gearbeitet, drei Kinder großgezogen, 24 Kühe versorgt und das Kleinvieh. Ihr einziger Urlaub ging einmal nach Sachsen zu den Schwiegereltern.

Heute ist ein besonderer Tag für die Bäuerin, denn ihr Hof wird verkauft – weil die Kinder andere Pläne haben, nicht auf dem Land leben wollen. Sie versuchen einfühlsam zu sein und stellen der Bäuerin vorsichtig die Frage, ob denn ihr Leben einen Sinn hatte – jetzt, wo alles verkauft werden soll. Wie wird sie reagieren? Wahrscheinlich wird die Bäuerin Sie etwas verwundert zurückfragen: Wieso Sinn hatte? Natürlich hat alles einen Sinn. Ich habe die Kinder großgezogen und sie sind glücklich. Sie haben ihre eigenen Pläne, und das ist gut so. Der Hof ist nur eine Sache, ich freue mich viel mehr an meinen Enkeln.

Diese Bäuerin hat ihr Leben entsprechend ihrer Werte organisiert – vermutlich hatte sie keine großen Wahlmöglichkeiten – aber das ist egal. Werte muss man nicht wählen, um Sinn und Erfüllung zu erleben, man muss sie umsetzen oder umgesetzt haben.

Und dies ist eine der wirklich kraftvollen und tröstlichen Eigenschaften von Werten: Sie bereichern das Leben auch im Alter. Gerade dann, wenn die Kraft nachlässt und der Reichtum des Lebens sich mehr aus der Vergangenheit ermisst als aus der Zukunft. Gerade dann schälen sich aus dem Geröll der Zeit die goldenen Momente heraus, in denen wir die Dinge getan haben, die uns wirklich am Herzen lagen.

Warum ist es so wichtig, die eigenen Werte zu kennen?

Wir leben in einer Zeitepoche und in einer Gesellschaft, in der jeder Einzelne so viele Möglichkeiten hat wie selten zuvor: Welchen Beruf er wählt, wie und wo er wohnt, ob er heiratet, ob er eine Familie gründet, ob er sich scheiden lässt und die Familie wieder verlässt – all das ist weitgehend die Wahl seiner selbst. Mehrgenerationenhäuser, Job-Sharing, Patchwork-Familien, das sind nur einige Schlagwörter, die heute in aller Munde sind und die vor fünfzig Jahren noch keiner kannte.

Der Terror der tausend Möglichkeiten
Eine große Palette an Möglichkeiten. Das ist einerseits erfreulich, zumal für dieses Privileg einstmals hart gekämpft werden musste. Aber gerade die Wahlfreiheit bringt auch neue Herausforderungen mit sich. Heute herrscht – etwas übertrieben ausgedrückt – der „Terror der tausend Möglichkeiten". Und die Verantwortung für die richtige Wahl zwischen diesen tausend Möglichkeiten liegt weitgehend bei einem selbst. Aber nach welchen Kriterien wählt man? Sucht man sich die Dinge den persönlichen Werten entsprechend aus, entscheidet man sich für das, was auch langfristig bedeutsam und wichtig ist?

Auch wir Autoren können leider nicht von uns behaupten, dass wir immer entsprechend der persönlichen Werte entscheiden – wahrscheinlich können dies die wenigsten Menschen sagen. Die menschliche Psyche ist offensichtlich nicht entsprechend gebaut.

Die Macht der schnellen Emotionen
Natürlich orientieren sich Menschen durchaus an längerfristigen Zielen, aber die meisten Entscheidungen im Alltag werden von Emotionen gesteuert. Man kann dies vergleichen mit der Programmwahl im Fernsehen: Es ist ein großer Unterschied, ob Sie in der Programmzeitschrift einen Spielfilm wählen, den Sie sehen wollen, oder ob Sie mit der Fernbedienung in der Hand durch die Programme zappen und immer dort hängen bleiben, wo es gerade spannend erscheint. Im ersten Fall entscheidet die langfristige (werteorientierte) Planung, im zweiten Fall entscheiden die kurzfristigen Gefühle.

Was meinen Sie, nach welchem Fernsehabend gehen Sie zufriedener ins Bett? Also wenn der Spielfilm nicht völlig daneben war, ist die Antwort eindeutig. Aber weshalb greift man dann immer wieder zur Fernbedienung? Weil die Psyche so gebaut ist: Menschen lieben schnelle Emotionen und lassen sich eben gerne davon verführen.

Und noch etwas ist wichtig: Wissenschaftliche Experimente haben herausgefunden, dass Menschen gerade dann ihre eigenen Werte vernachlässigen, wenn sie in größeren Gruppen arbeiten und wenn die Dinge, die sie tun, nicht sinnlich wahrnehmbar sind. So erscheint es einfacher, im Internet an der Börse auf Nahrungsmittel zu spekulieren und dadurch beizutragen, dass die Lebensmittelpreise in der Dritten Welt steigen, als einem Kind das Essen wegzunehmen – auch wenn das Ergebnis das Gleiche ist. Für alle, die in vernetzten Welten arbeiten, wird es also immer wichtiger, sich ihrer Werte wirklich bewusst zu werden.

Die Werte im Blick
Je bewusster und je klarer Ihnen Ihre persönlichen Werte sind, desto einfacher fällt es Ihnen, diese auch umzusetzen. Und ihnen zu folgen. Das ist, als ob Sie einen Kompass aus dem Rucksack holen und vorne auf den Lenker des Fahrrades klemmen. Es ist schon gut, einen Kompass im Gepäck zu haben, aber wenn man ihn vor Augen hat, so ist das deutlich besser.

Werte, Anreize und Gefühle
Die persönlichen Werte sind ein Handlungsleitfaden. Sie steuern zwar Wünsche und Ziele, drohen aber im Dschungel der kurzfristigen Anreize und Gefühle verloren zu gehen.

Verweigerung muss sein
Darin, dass man sich von schnellen Emotionen so gerne verführen lässt, liegt die Herausforderung für jeden Einzelnen heute: Je „offener" die Gesellschaft wird, je durchlässiger die Grenzen zwischen intimen, privaten, beruflichen und öffentlichen Bereichen, desto stärker ist jeder Einzelne gefordert, seine eigenen Ziele, seine eigenen Grenzen, seine eigenen Herausforderungen und auch seine eigenen Verweigerungen zu definieren. Und sich nicht zu verlieren im Dschungel der tausend Möglichkeiten. Vielleicht können wir den Unterschied noch einmal an einem Beispiel verdeutlichen?

Die Geschichte von Stefanie und Anna
Nehmen wir mit Stefanie und Anna zwei junge Reiseverkehrskauffrauen: beide Mitte 20, fröhlich und nicht auf den Kopf gefallen. Die Welt steht ihnen offen. Beiden wird ein gut bezahlter Job im Außendienst angeboten, mit der Möglichkeit, die Welt kennenzulernen. Sagen wir Singapur. Beide sind bei Abschluss ihrer Arbeitsverträge Feuer und Flamme, doch nach zwei Monaten, also noch während der Probezeit, bemerken sie, dass Familie und Freunde auf der Strecke bleiben. Die Telefonate werden seltener, und die wöchentlichen Skype-Sitzungen hinterlassen melancholische Nachschwingungen.

Stefanie spürt ihrer Traurigkeit nach, und ihr wird klar, wie wichtig ihr das tägliche Zusammensein mit Freunden und Familie ist, wie viel es ihr bedeutet, sich vertraut, geborgen und sicher zu fühlen. Sie merkt nun, dass all dies hohe Werte für sie sind. Sie sind ihr viel wichtiger, als in kurzer Zeit viel Geld zu verdienen. Ein bisschen Wehmut ist schon dabei, als sie sich entschließt, den Job in der Probezeit abzubrechen, aber sie tut es.

Anders Anna: Auch sie spürt dieses melancholische Gefühl der Trennung von Familien und Freunden, doch sie will es nicht zulassen: Schließlich ist dieses Jobangebot ein Karrieresprungbrett und finanziell wirklich zu lukrativ. Da sie sich nachts oft einsam und traurig fühlt, stürzt Sie sich ins Nachtleben. Tagsüber arbeitet sie hart, doch dafür scheint ihr bald das Gehalt nicht mehr entsprechend. Als sie einen besser bezahlten Job angeboten bekommt, kündigt sie und unterschreibt, mindestens drei Jahre in Nairobi zu arbeiten.

Nun, selbstverständlich kann auch Anna ihr Glück finden … Aber sie macht sich doch deutlich abhängiger von Außenfaktoren als Stefanie. Während sich diese für ihre

persönlichen Werte „Sicherheit" und „Vertrautheit mit Familie und Freunden" entschieden hat, orientieren sich Annas Entscheidungen an Gehalt und Karriereschritten – ihr Gefühl ist weniger klar.

Lernen Sie Ihre persönlichen Werte kennen!

Wir hoffen, dass die Werte und ihre Bedeutung für Sie greifbar geworden sind. Nun laden wir Sie ein auf den Pfad zu Ihren persönlichen Werten, also zu den Dingen, die Ihrem Leben auch langfristig Sinn und Bedeutung geben sollten. Dieser Praxis-Teil wird etwas Zeit in Anspruch nehmen – Sie sollten es sich wert sein.

Ihr persönliches Werteprofil
Wir haben es bereits erwähnt: Ihre persönlichen Werte haben sich im Laufe Ihres Lebens entwickelt. Die Kultur, in der Sie aufgewachsen sind, Eltern, Erzieher, Freunde und Medien haben diese Entwicklung beeinflusst. Aber es gibt nur eine einzige Person, die weiß, was für Sie ganz persönlich wichtig und bedeutsam ist: Sie selbst.

Da, wie gesagt, nur Sie Experte für Ihr Leben sind, sollten Sie sich beim Ausfüllen des Werteprofils immer wieder folgende Fragen stellen:

* Meinen andere Menschen, dass mir das wichtig sein sollte? Oder ist es mir persönlich wirklich wichtig?
* Ist mir das auch noch wichtig, wenn mir niemand zuschaut? Wenn niemand meine Wahl beurteilen würde?

Werteforschung

Die Forschung zu Werten hat eine lange Tradition. Die Forschungsgruppe um Shalom H. Schwartz hat in den letzten zehn Jahren über 50 000 Menschen in weltweit 83 Ländern gefragt, was ihrem Leben Bedeutung verleiht. Die Werte, um die es im Folgenden geht, sind das Ergebnis dieser Forschung. Erstaunlicherweise gab es zwar kulturell geprägte Unterschiede in der Bedeutung verschiedener Werte, aber es gab kein Land, in dem diese Werte überhaupt keine Rolle gespielt hätten. Sie bilden also die Basis für das menschliche Wertesystem – überall auf der Welt.

Hier finden Sie das Werteprofil
Das Werteprofil finden Sie im Arbeitsheft auf Seite 12. Folgen Sie bitte den Anleitungen, die Sie dort finden.

S. 12

Arbeit mit dem Werteprofil
Sie haben das Werteprofil erstellt und sich einen Überblick verschafft über Ihre Werte? Prima, jetzt haben Sie einen guten Überblick über die Dinge, die Ihnen im Leben wirklich wichtig sind, und auch darüber, was für Sie weniger zählt. Die Liste ist etwas allgemein gehalten. Das liegt daran, dass sie für alle Menschen in den unterschiedlichsten Lebensbereichen auf der ganzen Welt gültig ist. Im konkreten Fall ist es jedoch einfacher, sich auf seine Lebensmottos zu besinnen.

Ihre Mottos sind die Umsetzung Ihrer Werte in Ihrem konkreten Lebensalltag.

Nehmen wir an, der Wert „Fürsorglichkeit" wäre für Sie wichtig. Im konkreten Alltag könnte sich dies in verschiedenen Mottos äußern: *„Ich will ein guter Vater/Mutter sein"* oder *„Ich will mich um meine Mitarbeiter und Kollegen kümmern"* oder *„Ich will für Bedürftige in meiner Gemeinde sorgen"*. Sie sehen, es gibt viele Möglichkeiten, einen Wert umzusetzen. Darin liegt seine Kraft.

Nehmen Sie sich nun die Liste mit den Mottos, die Sie bislang aufgeschrieben haben, noch einmal vor, Sie finden sie auf Seite 49. Prüfen Sie anhand des Werteprofils, ob nicht doch irgendein Motto fehlt und ergänzt werden sollte? Vielleicht haben Sie im Werteprofil manche Werte als sehr wichtig markiert, die Ihnen in der ersten Übung spontan gar nicht eingefallen sind. Überarbeiten Sie gegebenenfalls Ihre Mottos noch einmal, notieren Sie sich diese dann ganz einfach im Arbeitsheft auf Seite 18. Am Ende sollten Sie zu denjenigen Werten, die Ihnen ganz wichtig sind, auch die entsprechenden Mottos formuliert haben.

S. 18

Mottos und Werte
Mottos beschreiben, wie wir wichtige Werte in unserem Lebensalltag umsetzen wollen. In der nächsten Woche werden wir uns genau damit beschäftigen.

Balance-Übungen für die Woche 3

1. Achtsamkeit trainieren

CD Bitte nehmen Sie sich auch diese Woche vor, Ihre Achtsamkeits-Übungen zu praktizieren – am besten täglich, aber auf jeden Fall so oft, wie es geht.
Diese Woche arbeiten Sie bitte mit der Übung „Gedanken und Gefühle begrüßen“, die Sie aus Woche 1 (Seite 28) schon kennen. Überlegen Sie sich, wann und wo Sie trainieren wollen, tragen Sie sich die Termine ein und haken Sie erledigtes Üben ab.

Mottos als umgesetzte Werte

Die moderne Psychologie sieht in Werten übergeordnete sinnstiftende Ideen und Lebenskonzepte eines Menschen. Unter dem Begriff „Motto“ verstehen wir die Überlegung, diesen Wert in konkreten Lebensbereichen umzusetzen. So kann etwa der Wert „Macht und Einfluss“ im Beruf umgesetzt werden, aber auch in der Familie, im Verein oder in der Freizeit. Die Mottos hießen dann entsprechend: *„Ich erwarte, dass ich in meinem Job Dinge umsetze und mich durchsetzen kann“* oder *„Ich erwarte, dass meine Kinder meinen Anweisungen und Ideen folgen“* oder *„Ich erwarte, dass ich in meinem Verein den Vorsitz habe und die Dinge dort steuere“* oder *„Ich erwarte, dass ich in Sportgruppen bestimme, wo’s langgeht“*.

Häufig aber wird das durchaus getrennt: Jemand, der nach dem Motto lebt *„Ich erwarte, dass ich in meinem Job Dinge umsetze und mich durchsetzen kann“*, kann dennoch ein ganz lässiger und sogar vernachlässigender Vater sein ...

Es scheint wichtig, dass ein hoher Wert zumindest **in einem Lebensbereich**, also als ein Motto, umgesetzt wird. Die gute Nachricht: Falls dies in diesem einen Bereich nicht klappt, kann man den Lebensbereich leicht wechseln. Wenn es unserem machthungrigen Kollegen also trotz starker Anstrengung nicht gelingt, in seinem Job Macht und Einfluss zu erlangen, kann er immer noch seine Sportgruppe herumscheuchen. Er wird zufrieden sein.

2. Werte im Alltag entdecken

In dieser Woche möchten wir Sie zudem einladen, „Motto-Detektiv" zu spielen. Nehmen Sie sich jeden Abend 5 Minuten Zeit und notieren Sie drei Dinge, die Sie an diesem Tag getan haben. Machen Sie sich dann auf die geistige Suche, welche Mottos bei dieser Tätigkeit eine Rolle gespielt haben.

Bei manchen Tätigkeiten ist das nicht sehr schwer: eine halbe Stunde den Sorgen meiner Nachbarin gewidmet (Motto *„Ich möchte für meine Mitmenschen da sein"*), Joggen oder Walken (Motto *„Ich möchte regelmäßig Sport treiben"*), schönen Abend mit Freunden verbracht (Motto *„Ich möchte fröhliche Zeit mit Freunden verbringen"*), einen Arbeitsschritt abgeschlossen (Motto *„Ich möchte in der Arbeit gute Leistung bringen und Erfolg haben"*).

	Unternehmung	Mottos, die dabei eine Rolle gespielt haben
Montag		
Dienstag		
Mittwoch		
Donnerstag		
Freitag		
Samstag		
Sonntag		

Schwierig wird die Zuordnung häufig bei Dingen, die man tun muss, wie zum Beispiel zur Arbeit zu gehen. Hier ist es hilfreich, sich mit Nachfragen zu tieferen Begründungsschichten vorzuarbeiten. Wie beim Zwiebelschälen kommt man Stück um Stück voran, schauen Sie sich das Beispiel rechts dazu an.

Nachfragen – so funktioniert's

Überlegung: Bei der Arbeit kann ich aber wirklich keinen Wert und auch kein Motto entdecken. **Nachfrage:** Warum arbeite ich denn? **Überlegung:** Um Geld zu verdienen. **Nachfrage:** Warum ist es mir wichtig, Geld zu verdienen? **Überlegung:** Um meine Familie zu ernähren. **Nachfrage:** Gibt es außer Essen und alltäglichen Notwendigkeiten weitere Dinge, für die ich Geld benötige? **Überlegung:** Ich möchte meinen Kindern eine gute Ausbildung ermöglichen. Außerdem möchte ich auch in Urlaub fahren können, ab und zu schön Essen gehen und mir auch mal was aus der Reihe gönnen. ... Ach so, das wären jetzt die beiden Mottos: „Ich möchte ein guter Vater/ Mutter sein" (Wert: „Wohlwollen"); und „Ich möchte mir ab und zu etwas Besonderes gönnen" (Wert: „Genuss")? **Nachfrage:** Genau. Gibt es bei der Arbeit etwas, das mir Spaß macht oder mir ein gutes Gefühl gibt? **Überlegung:** Hm. Es ist schon ein gutes Gefühl, wenn ich es mal wieder geschafft habe, die Termine von meinem Chef so zu koordinieren, dass dann alles glattläuft. Das ist oft schwieriger, als man glaubt! **Nachfrage:** Ist das so etwas wie ein Erfolgserlebnis? **Überlegung:** Eigentlich schon. Vielleicht könnte ich das Motto „Ich möchte in meinem Job gute Leistung bringen" noch dazuschreiben? Damit wäre der Wert „Leistung und Erfolg" gemeint.

Woche 4

Wie lebe ich ...

Letzte Woche haben Sie Ihre persönlichen Werte und Mottos kennengelernt. Das heißt, gekannt haben Sie sie natürlich schon vorher – aber vielleicht waren Sie Ihnen doch nicht so klar bewusst? Mit den persönlichen Leitsätzen – Ihren Mottos – haben Sie nun etwas an der Hand, das Ihnen als Wegweiser im Alltag dienen könnte. Für mehr Klarheit, mehr Energie und Lebenstiefe. Aber natürlich geht es nicht nur darum, seine Werte zu kennen, sondern diese auch zu leben.

… meine Werte?

Nicht, was des Lebens Dinge sind, was sie uns gelten, ist das Glück.
Anton Alfred Noder (1864–1936)

Ziele dieser Woche

In dieser Woche richten Sie Ihren Blick darauf, wie gut Sie Ihre Werte und Mottos in Ihrem gegenwärtigen Leben umsetzen. Und es geht auch darum, wie viel Zeit und Energie Sie mit Werten und Dingen verbringen, die Ihnen persönlich nicht viel bedeuten.
Sie haben dies schon vorbereitet, indem Sie sich in der letzten Woche als „Motto-Detektiv" engagiert und Ihren Alltag unter die Lupe genommen haben. Nun geht es weiter mit der Detektivarbeit. Ein wenig Handwerkszeug benötigen Sie auch – halten Sie für die Übungen diese Woche bitte Karteikarten in zwei Farben bereit. Falls Sie keine Karteikarten haben, nehmen Sie bitte weißes Papier und Stifte in zwei Farben.

Welche Werte leben Sie?

Während der letzten Woche haben Sie als „Motto-Detektiv" Ihr Leben genauer betrachtet. Welche Mottos spielen in Ihrem Alltag eine Rolle? Gibt es bestimmte Mottos und Werte, die häufig vorkommen, und andere, die Sie vielleicht vermissen? Bevor Sie weiterlesen, möchten wir Sie einladen, diesen Fragen mithilfe des zweiten Teils des Werteprofils genauer nachzugehen, es geht nun um die „Umsetzung Ihrer Werte".

Diesen Test finden Sie auch in Ihrem Arbeitsheft auf Seite12 – füllen Sie hierzu die zweite Zeile des Werteprofils aus. Die Einschätzungen in dieser Aufgabe sind nicht immer ganz einfach. Falls Sie bei einem Wert nicht genau wissen, was Sie ankreuzen sollen, überlegen Sie, mit was Sie diesen Wert ganz konkret in Verbindung bringen – ähnlich wie Sie es letzte Woche bei den Mottos und der Motto-Detektiv-Aufgabe getan haben.

S. 12

So kann zum Beispiel „Anregung und Abwechslung" für verschiedene Menschen ganz Unterschiedliches bedeuten. Der eine empfindet es als abwechslungsreich, immer wieder neue Kochrezepte auszuprobieren und gemeinsam mit Freunden zu essen. Eine andere Person könnte dies als alltäglich betrachten, „Anregung und Abwechslung" sind für diese nur mit größeren Unternehmungen wie einem Fallschirmsprung oder einer Urwaldexpedition verbunden.

Ihr ganz persönliches Werteprofil
Sie finden im Arbeitsheft (Seite 12) das Werteprofil, es hat zwei Zeilen, die von Ihnen bitte nach und nach ausgefüllt werden sollen: In der ersten Zeile haben Sie schon ausgefüllt, wie wichtig Ihnen der jeweilige Wert grundsätzlich ist. In der zweiten Zeile tragen Sie ein, wie viel Platz dieser Wert jetzt in Ihrem Leben einnimmt, also wie gut Sie ihn umsetzen.

Sie haben die zweite Zeile ausgefüllt? Nun haben Sie eine Einschätzung darüber, wie wichtig Ihnen bestimmte Werte sind und welche Rolle diese Werte in Ihrem Leben spielen. Sie haben Ihr eigenes Werteprofil ein ordentliches Stück verfeinert.

Fragen stellen und nachhaken

Nehmen Sie sich die Zeit, darüber nachzudenken, welche Ihrer Werte eigentlich gegenwärtig in Ihrem Leben eine wichtige Rolle spielen. Werden Sie konkret und überlegen Sie beispielsweise für den Wert „Anregung und Abwechslung": Was bedeutet Abwechslung eigentlich für mich?

Anschaulich mit dem Werte-Netz
Um mehr über die Chancen und Risiken Ihres Werteprofils zu erfahren, empfehlen wir Ihnen, Ihr „Werteprofil" (Arbeitsheft) grafisch darzustellen. Tragen Sie dazu Ihre Werte in das Werte-Netz ein. Sie finden es im Arbeitsheft auf Seite 16. Benutzen Sie dafür bitte zwei verschiedene Farben.

S. 16

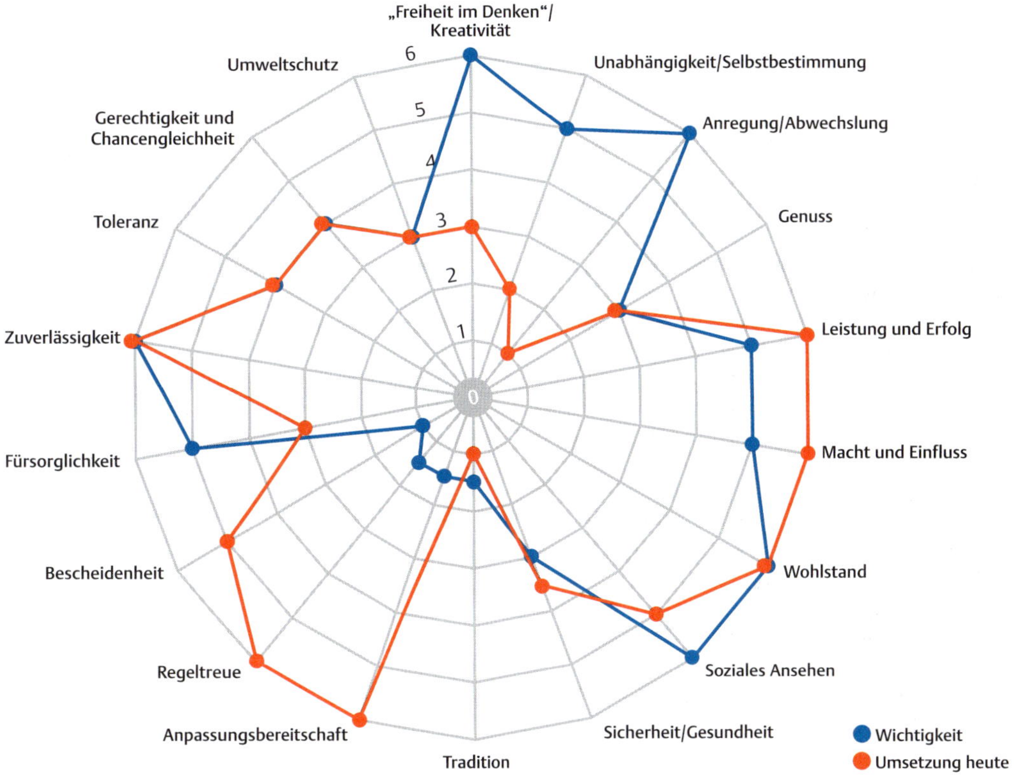

Das Werte-Netz verstehen
In dem nebenstehenden Beispielnetz sind die allgemeinen Werte in Blau eingezeichnet, die derzeitige Umsetzung hat die Farbe Rot. Fällt Ihnen etwas auf? Es gibt zwei Bereiche, in denen es deutliche Abweichungen gibt. Offensichtlich arbeitet die Beispielperson in einem Bereich, der ihr genügend Einkommen und Anerkennung bietet, aber für ihre Ansprüche doch eher langweilig ist. Die Person ist nicht gefordert, auch ihre Ideen scheint sie nicht umsetzen zu können. Stattdessen muss sie relativ starre Regeln vertreten und sich nach außen anpassen. Ob sie sich auf Dauer in diesem Job wohlfühlen wird?

Sie sehen, man kann diese Werte-Netze benützen, um sich ein wenig Gedanken zu machen: Setze ich meine wichtigen Werte eigentlich um oder verwende ich viel Energie auf Dinge, die mir wenig bedeuten? Sind meine Werte, so wie sie sind, vernünftig verteilt? Wie lebe ich eigentlich mein Leben? Nächste Woche werden wir uns der Frage zuwenden, was man im Leben ändern will, was man ändern kann und wie man dabei vorgeht – auch dabei hilft das Werte-Netz enorm.

Werte-Zwischenbilanz

Vielleicht fragen Sie sich, weshalb Sie im Werte-Netz eine Zwischenbilanz ziehen sollen? Nun, das Leben nimmt Sie wahrscheinlich ziemlich in Beschlag. Mit all seinen Anforderungen, seinen Verlockungen, seinen Routinen – allzu oft bemüht man sich einfach nur, zu funktionieren.

Nicht selten kommen dabei einige Dinge zu kurz, die an sich wichtig wären, und manchmal bemerkt man das gar nicht. Kennen Sie das, dass Sie bisweilen sehr viel Zeit mit etwas verbringen, was Ihnen nicht wirklich viel bedeutet? Das Problem ist, dass hier Energien gebunden werden, die Sie für wertvollere Dinge nützen könnten. Auf lange Sicht wirkt sich das nicht günstig aus: Das Leben wird schal oder belastend.

Was das Werte-Netz aussagt

Nehmen Sie Ihr Werte-Netz zur Hand und gehen Sie den Fragen nach: *„Setze ich meine wichtigen Werte eigentlich um oder verwende ich viel Energie auf Dinge, die mir wenig bedeuten?“* Wie nahe liegen die Linien beieinander? Nehmen Sie wahr, wie es Ihnen beim Blick auf die gelebten Werte geht.

Die Balance von Wichtigkeit und Umsetzung

Wenn im Werte-Netz Ihre beiden Linien (Umsetzung und Wichtigkeit) nicht aufeinanderliegen, können wir Sie zunächst einmal beruhigen: Es gibt kaum Menschen, die komplett nach Ihren persönlichen Werten leben können. Meistens ist das gar nicht möglich und wahrscheinlich auch nicht erstrebenswert. Schließlich lebt nicht jeder Mensch allein in seinem eigenen Universum, sondern in einer Gesellschaft mit anderen zusammen. Es gibt gesellschaftliche Anforderungen und Regeln, die zumindest teilweise beachtet werden wollen, damit man miteinander zufrieden leben kann – dass man den Lebensunterhalt verdient, für das Alter vorsorgt und die Gesetze befolgt.

Auch in der näheren Umgebung wird man oft mit Werten konfrontiert, die eventuell nicht die eigenen sind. Vielleicht fordert der Chef einen konservativen Kleidungsstil, Freunde legen Wert auf minutiöse Pünktlichkeit und der Partner oder die Partnerin wünscht sich mehr Ordentlichkeit, obwohl man selbst all das ziemlich spießig findet.

Vielleicht gibt es noch mehr Erwartungen, die an Sie gestellt werden in Sachen Leistung, Erfolg oder Wohlstand, die nicht alle Ihren eigenen Werten entsprechen.

Unerfüllte Wünsche bereichern das Leben – wovon sollte man sonst träumen?

Wie gesagt, das ist normal, und die Welt wäre auch ziemlich langweilig, wenn alle nach denselben Werten leben würden. Probleme entstehen nur dann, wenn die Balance nicht mehr stimmt. Wenn die ungeschätzten Werte übergewichtig sind und die wichtigen Werte zu wenig Raum bekommen.

Umgekehrt wird gewiss auch nicht alles, was Ihnen wichtig ist, Erfüllung finden. Das ist nicht generell schlecht, denn gerade die unerfüllten Wünsche bereichern das Leben – wovon sollte man sonst träumen? Trotzdem ist es natürlich erfreulicher, wenn zumindest einige der Wunschvorstellungen gelebt werden. Es gilt also, die Balance zu finden zwischen den Notwendigkeiten des alltäglichen Lebens und der Umsetzung der eigenen Werte.

Spannungsreiche Wertkombinationen
Ein weiterer Grund, warum die Wichtigkeit von Werten und ihre Umsetzung häufig nicht komplett übereinstimmen, ist folgender: Es ist schwierig, alle Werte zur gleichen Zeit und gleich ausgeprägt zu leben. Besonders, wenn diese Werte in verschiedene Richtungen zeigen. Stellen Sie sich eine junge Frau vor, für die Unabhängigkeit und Selbstbestimmung sehr bedeutsam sind. Jetzt wird diese Frau schwanger und bekommt ein Kind. Und plötzlich spielt etwas ganz anderes in ihrem Leben eine Rolle: sich um das Kind kümmern und eine zuverlässige Mutter sein.

In den ersten Monaten sorgen die Hormone dafür, dass es ihr willkommen ist, ihr Leben nach dem Kind auszurichten. Doch nach einiger Zeit steht sie vor der Aufgabe, ihren Wert „Unabhängigkeit" mit dem Wert „Fürsorge" in Einklang zu bringen. Das ist eine Herausforderung.

Es gibt viele Wertkombinationen, die eine solche Spannung erzeugen. „Erfolg im Beruf" oder „Viel Zeit für die Familie". „Sicherheit" oder „Abenteuer". „Leistung" oder „Bescheidenheit". Sogar bei scheinbar so einfachen Dingen wie „Genuss" und „Umweltschutz" können Werte sich in die Quere kommen. Wenn Sie ausgeprägt gerne das ganze Jahr über Orangen essen, aber ein ebenso ausgeprägtes Umweltbewusstsein haben: Kaufen Sie dann Orangen, die im Flugzeug den weiten Weg aus Südamerika zurückgelegt haben? Auch bei entgegengesetzten Werten gilt es also, eine Balance zu finden, bei der keiner der beiden Werte zu kurz kommt.

Nehmen Sie sich nun Ihr eigenes Werte-Netz vor und prüfen Sie: Bei welchen Werten ist der Unterschied zwischen Wichtigkeit und Umsetzung besonders hoch? Und überlegen Sie auch, woran es liegen könnte, dass hier eine solche Diskrepanz besteht.

Wie sind die Werte verteilt?

Eine weitere wichtige Frage, die sich beim Werte-Netz stellt, ist die: *„Sind meine Werte sinnvoll verteilt?“*

Wenn Sie sich das Werte-Netz auf dieser Seite ansehen, so werden Sie bemerken, dass dieses Netz in zwei Bereiche untergliedert ist: Der blau schraffierte Bereich beschreibt Werte, die sich in erster Linie an der Zusammenarbeit mit anderen orientieren und an der Einbettung in die soziale Gemeinschaft. Das sind also sozial-gebundene Werte wie „Fürsorglichkeit“, „Toleranz“, „Regeltreue“ und so weiter. Für Menschen mit hohen Werten in diesem Bereich ist es wichtig, sich sozial anzupassen. Niedrige Werte in diesem blauen Bereich weisen darauf hin, dass diese Menschen dazu neigen, sich von der sozialen Umgebung eher abzugrenzen.

Auf der anderen Seite findet sich der gelb schraffierte Bereich, der diejenigen Werte umfasst, die auf einen selbst bezogen sind: also „Genuss und Leistung“ beispielsweise. Hohe Werte in diesem Bereich sind hilfreich, damit man sich um sich selbst kümmert – wenn jemand in diesem Feld sehr niedrige Werte aufweist, läuft er Gefahr, sich zu sehr den Ansprüchen von Anderen zu unterwerfen. Auf den folgenden Seiten stellen wir Ihnen die Werte-Netze einiger Menschen vor und erläutern, was diese über das Leben der Menschen aussagen.

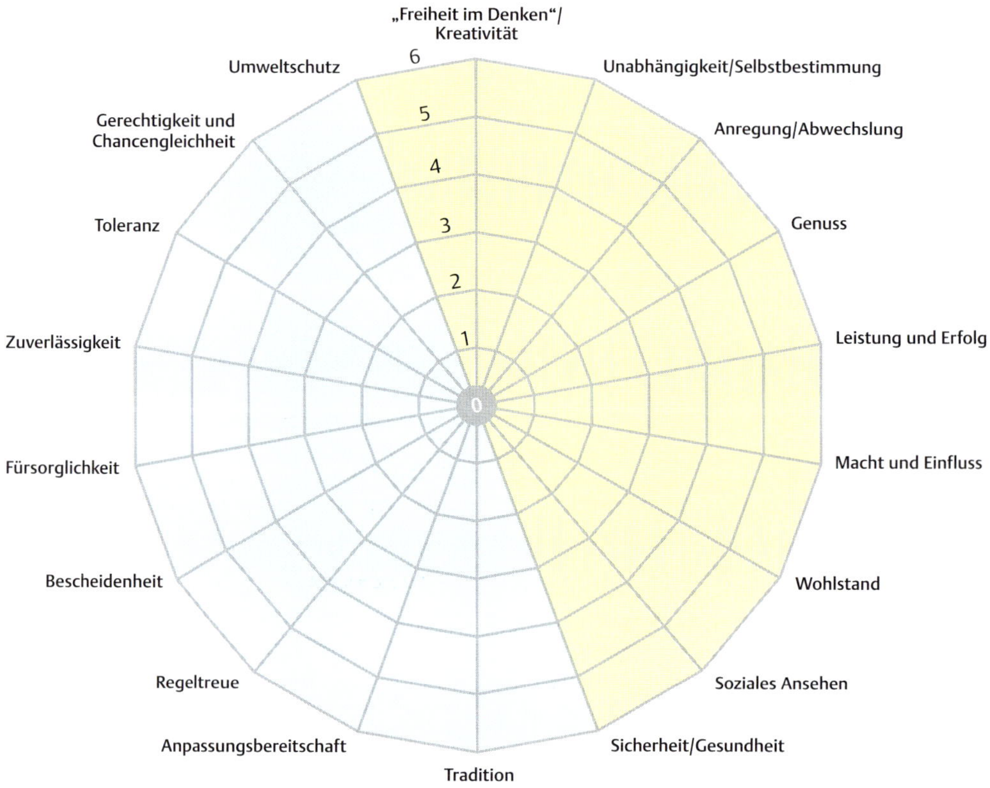

Ein prestigeorientiertes Profil
Sie ahnen es vielleicht, dieses Werte-Netz stammt aus einem Manager-Seminar, das wir einmal gehalten haben. Der Teilnehmer ist ziemlich einseitig orientiert – in seinem Leben dreht sich alles um Anerkennung, Macht, Leistung und Erfolg.

Das kann gut gehen, aber dieser Mensch ist in hohem Maße davon abhängig, dass er eine wichtige, einflussreiche Position besetzt. Und da er in diesen Kreisen selten der Einzige ist, der solch eine Position besetzen möchte, muss er mit ständiger Konkurrenz rechnen. Er braucht schon sehr gute Nerven und einen guten Schlaf, um dies lange durchzuhalten.

Man könnte hier also durchaus von einem gewissen Gefährdungsprofil sprechen. Wie würden Sie dieses Profil beurteilen? Und was würden Sie diesem Teilnehmer raten?

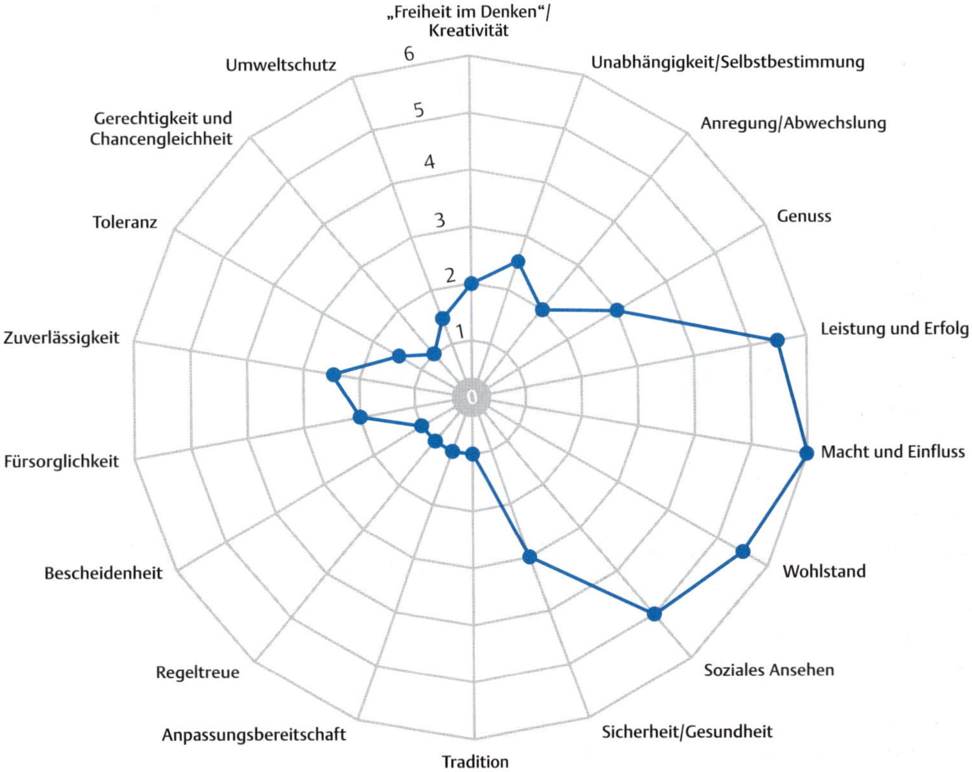

Ein freiheitsliebendes Profil
Zugegeben, wir konnten dieses Werte-Netz mit der Seminarteilnehmerin nicht mehr besprechen. Sie brach den Kurs am dritten Tag ab. Das Profil hätte uns warnen sollen: Offensichtlich ist sie sehr stark an ihrer eigenen Freiheit, Unabhängigkeit und Kreativität orientiert. Es bereitet ihr Unbehagen, sich in Gruppen zu integrieren oder gar „bevormundet" zu werden. Auch das kann gut gehen – sofern man künstlerisch sehr begabt ist, einen reichen Vater oder sehr toleranten Ehemann hat … sonst könnte es eng werden, wenn der soziale Rückhalt wegbricht.

Vielleicht sehen Sie sich Ihr eigenes Werte-Netz noch einmal unter diesem Blickwinkel an? Wie „breit" ist Ihr Netz? Ist es nur in sehr wenigen, sehr ähnlichen Werten ausgeprägt? Vielleicht wäre es für Ihre innere Balance hilfreich, wenn Sie einen etwas stärkeren Ausgleich finden würden. Und selbst wenn Ihnen das zum derzeitigen Zeitpunkt in Ihrem Leben widerstrebt – Sie sollten sich zumindest im Klaren sein, dass Ihr Lebensstil ein gewisses Risiko aufweist.

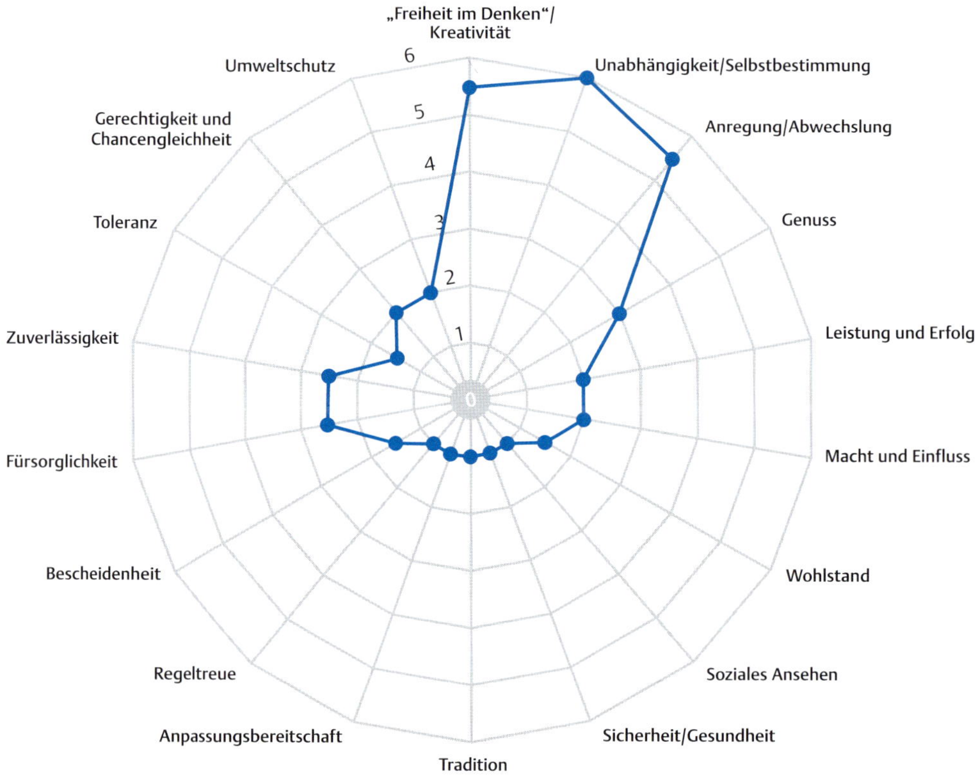

Ein sicherheitsorientiertes Profil
Nun, diese Frau, nennen wir sie Frau Meier, würde sich sicherlich in einem Heimatverein wohlfühlen, vielleicht ist sie Kassenwartin, sie ist ja die Zuverlässigkeit in Person. Eigentlich ein sehr sicheres Profil – solche Menschen sind äußerst nützlich für die Gemeinschaft und sie wirken stabilisierend. Man achtet und man respektiert sie. Gibt es also eine Gefährdung? Und, falls ja, wo liegt sie?

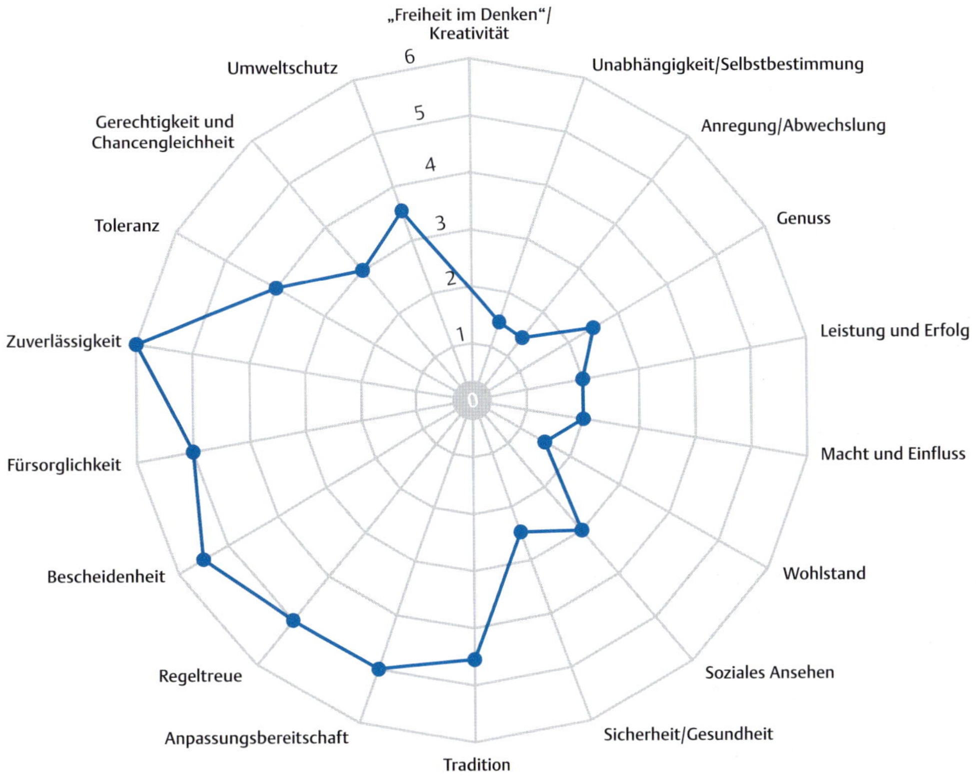

Frau Meier neigt dazu, sich aufzuopfern. Wann immer eine Kuchenschlacht für das Vereinsfest geschlagen werden muss, organisiert Frau Meier die Backbleche. Und wann immer jemand für das Amt des Schriftführers des Elternbeirates gesucht wird, fallen nach bedrohlichem Schweigen in der Runde die Blicke auf Frau Meier. Die zuckt dann mit den Schultern und macht das dann „halt auch noch“. Sie ist diejenige, die sich der Dinge annimmt, die erledigt werden müssen. Ohne zu klagen. Weil: *„Einer muss es ja machen.“*

All das kann gut gehen, solange Frau Meier die Anerkennung bekommt und die Zuwendung aus der Gruppe, die sie so dringend braucht. Was aber, wenn sich die Dinge ändern, wenn sich jemand Neues in der Gruppe breitmacht? Wenn man Frau Meier „übersieht“, oder wenn gar niemand bemerkt, was Frau Meier alles für die anderen tut? – Das tut weh, und das riecht nach Kränkung und auch nach Verbitterung.

Und wenn Frau Meier spürt, dass sie sich trotz all ihrer Anstrengungen sozial isoliert, dann wird es eng. Also – was würden Sie Frau Meier raten?

Auf den Punkt gebracht: ein ausbalanciertes Werteprofil
Für ein ausbalanciertes Werteprofil – und damit eine höhere Lebenszufriedenheit – sollte es eine gleichmäßige Ausprägung zwischen ichbezogenen und sozialbezogenen Werten geben. Hier ist es günstig, auf mehrere Werte zu setzen. Außerdem ist es hilfreich, wichtige Werte auch tatsächlich umzusetzen. Und zwar, ohne die Notwendigkeiten des alltäglichen Lebens dabei aus dem Blick zu verlieren.

Und so wie viele Wege nach Rom führen, gibt es mehrere Möglichkeiten, mit seinen Werten „zu arbeiten".

* Man kann versuchen, sein Profil auszubalancieren (also sozialbezogene und ichbezogene Werte).
* Man kann sein Werte-Profil verbreitern (wenn fast alle Werte nur einen schmalen Bereich abdecken).
* Man kann versuchen, wichtige Werte besser umzusetzen.
* Man kann versuchen, weniger Energie in unwichtige Werte zu investieren.
* Man kann verschüttete Werte oder solche, zu denen man sich noch nicht traut, ein bisschen wichtiger nehmen.

Arbeit mit dem Werteprofil

Bevor wir mit der nächsten Übung beginnen, möchten wir Sie einladen, auf die vielen Schritte, die Sie bereits getan haben, erst einmal stolz zu sein: Sie haben in der Geburtstagsrede herausgearbeitet, was Ihnen im Leben wirklich wichtig ist. Sie haben eine Reihe von menschlichen Werten kennengelernt und sich überlegt, welche Werte für Sie persönlich von Bedeutung sind und welche Werte in Ihrem Leben gegenwärtig eine Rolle spielen. Mit Ihrem Werte-Netz haben Sie einen Überblick über Ihr ganz persönliches Werteprofil erstellt und sich Gedanken gemacht über Auffälligkeiten.

Damit haben Sie die Grundlagen geschaffen, einige Dinge in Ihrem Leben zu ändern. Bald gilt es, diese neuen Erkenntnisse wirkungsvoll in Ihr Leben einzubetten. Die nächste Übung bildet die Grundlage für die kommende Woche: Sie wird Ihnen helfen, zu erkennen, was Sie ganz konkret verändern wollen.

Nehmen Sie dazu bitte jeweils zwei Karteikarten in zwei verschiedenen Farben zur Hand – wir nehmen der Einfachheit halber an, die Karten seien grün und rot. Wenn Sie keine verschiedenfarbigen Karteikarten haben, dann nehmen Sie weißes Papier und arbeiten Sie mit zwei verschiedenen Stiftfarben.

Man kann nur gewinnen
Welche Möglichkeit Sie in Sachen „Wertearbeit" auch wählen, sie wird Ihre innere Balance und Zufriedenheit erhöhen.

Übung „Die Top-Werte“

Nehmen Sie sich bitte Ihr Werte-Spinnennetz zur Hand. Wir greifen hier auf das Beispiel, das Sie von Seite 63 schon kennen, zurück.

Nehmen wir an, dies wäre Ihr Werte-Spinnennetz. Was wäre als Nächstes zu tun? Nun ja, es gibt einige wichtige Werte, die sehr gut umgesetzt sind: etwa Wohlstand, Toleranz, Leistung und Erfolg. Das ist prima. Und dann gibt es einige Werte, die besser umgesetzt werden sollten. Etwa: Anregung und Abwechslung, Unabhängigkeit und Selbstbestimmtheit, Kreativität. Das bedeutet, dass in diesem Bereich Handlungsbedarf besteht. Weil man nicht alles auf einmal ändern kann, sollte man **zwei Werte** auswählen und in der Umsetzung verbessern. Wenn das erledigt ist, kann man sich noch an verbleibende Werte heranwagen.

Suchen Sie sich nun auf Ihrem eigenen Werte-Spinnennetz Ihre zwei wichtigsten **gut umgesetzten** Werte und schreiben Sie diese oben auf die grünen Karteikärtchen. Und nun suchen Sie zwei Werte, die Sie **ausbauen wollen**. Diese schreiben Sie auf die roten Kärtchen.

Haben Sie das erledigt? Vielen Dank.

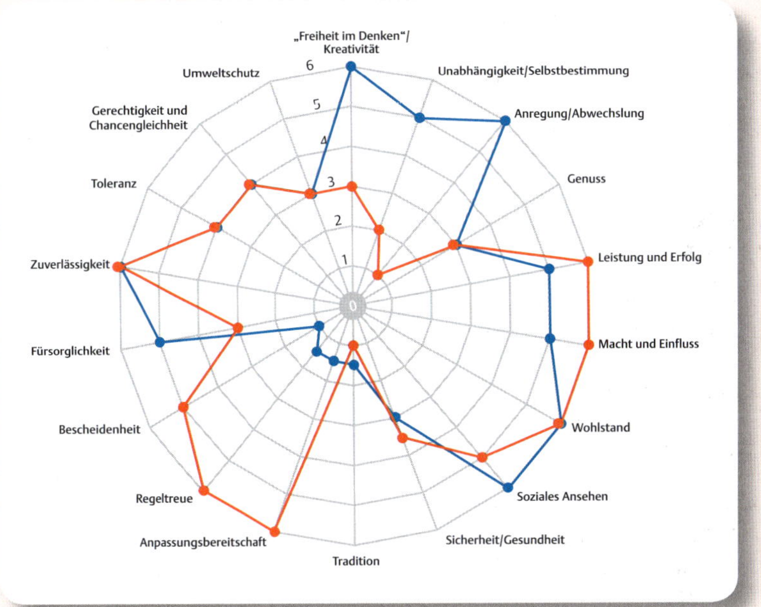

Übung „Mottos übersetzen“

Die Werte sind hilfreich – als Orientierung. Es sind jedoch sehr allgemeine Beschreibungen, die für die ganze Menschheit gelten. Um Werte konkret für das eigene Leben zu machen, sollte man sie für sich übersetzen. Das heißt, man sollte ihnen eine ganz persönliche Bedeutung geben. Sie haben das schon kennengelernt und Sie wissen, wie das funktioniert: Genau, indem man Lebens-Mottos formuliert.

Jetzt geht es darum, diesen Schritt zu vollziehen – und so gehen Sie vor: Suchen Sie sich für jeden der vier Werte, die Sie auf Ihren Kärtchen notiert haben (siehe Seite 71), ein persönliches Motto und schreiben Sie diese Mottos auf die jeweiligen Kärtchen. Sie können dazu noch einmal die Mottos heranziehen, die Sie in der Übung „Die Rede zum 80. Geburtstag“ notiert haben (siehe Seite 48), Sie können aber auch neue Mottos gestalten.

Steht in der Geburtstagsrede zum Beispiel *„Mir ist es wichtig, mit meinen Freunden Spaß zu haben“* oder *„Mir ist es wichtig, dass ich mich um meine Familie kümmere“*, dann kann dies als Motto für die Werte „Genuss“ oder „Fürsorge“ verwendet werden – aber vor dem Aufschreiben bitte noch einmal kurz nachdenken.

Denn seitdem Sie diese Mottos verfasst haben, haben Sie sich intensiv mit dem Thema Werte beschäftigt. Manchmal verändert das die Mottos. Schauen Sie also noch einmal genau hin und überlegen Sie: Stimmen diese Mottos? Drücken sie das aus, was mir im Leben am wichtigsten ist? Falls Sie Zweifel haben, formulieren Sie Ihre Mottos noch einmal um und schreiben Sie dann die überarbeitete Version auf Ihre Kärtchen.

Auf den Seiten 74 und 75 finden Sie einige Beispiele aus Seminaren, die wir durchgeführt haben. Schauen Sie mal nach, wie Teilnehmer damals ihre Werte in Mottos übersetzt haben.

Der feine Unterschied

Wie Sie letzte Woche ja schon gelernt haben, sind Mottos einfach die Umsetzung von allgemeinen Werten in Ihren ganz konkreten persönlichen Lebensbereich.

Kärtchen für Mottos und Werte
Nach der Übung „Mottos übersetzen" sollten Sie zwei grüne Kärtchen mit Mottos beschrieben haben, die Sie bereits gut umsetzen, und zwei rote Kärtchen mit Mottos, die Sie in Zukunft besser umsetzen wollen. – Es ist natürlich nicht verboten, mehr Mottos aufzuschreiben, aber bitte immer nur ein Motto auf ein Kärtchen.

Was tun mit diesen Kärtchen?

Sie ahnen es: Die beiden grünen Kärtchen sind für Ihre Brieftasche oder Handtasche bestimmt. Sie können sie verschönern, mit einem Leitspruch, einem Gedicht, einem Bild versehen. Dies wird Sie motivieren, sich weiterhin an Ihren Mottos und Werten zu orientieren. Und mit den roten Kärtchen geht es nächste Woche weiter.

Die wesentlichen Werte im Blick behalten
Es kann natürlich sein, dass Sie nur ein oder zwei Werte finden, bei denen Sie eine Veränderung sinnvoll fänden. Dann ist es einfach. Manchmal aber hat man das Gefühl, dass man am besten alles auf einmal ändern möchte. Hier wäre etwas Geduld angebracht: Mehr als zwei Veränderungs-Karten bergen das Risiko, dass man sich im wahrsten Sinne des Wortes verzettelt und den Überblick verliert. Unser Rat ist, sich hier auf die zwei wesentlichen Werte zu konzentrieren. Wenn Sie in einem halben Jahr merken, dass Sie Ihr Leben noch wertorientierter gestalten möchten, können Sie dieses Buch ja wieder zur Hand nehmen und weiterarbeiten.

Gerne kreativ werden

Manche Teilnehmer unserer Seminare gestalten wahre Kleinkunstwerke aus Ihren Mottos und Werten. Manche erzählen, dass sie sich einen Spaß daraus machten, gemeinsam mit ihren Lebensgefährten oder mit Freunden „Werte-Raten" zu spielen: *„Rate mal, welche zwei Werte bei mir persönlich ganz oben stehen und in meiner Brieftasche stecken?"*

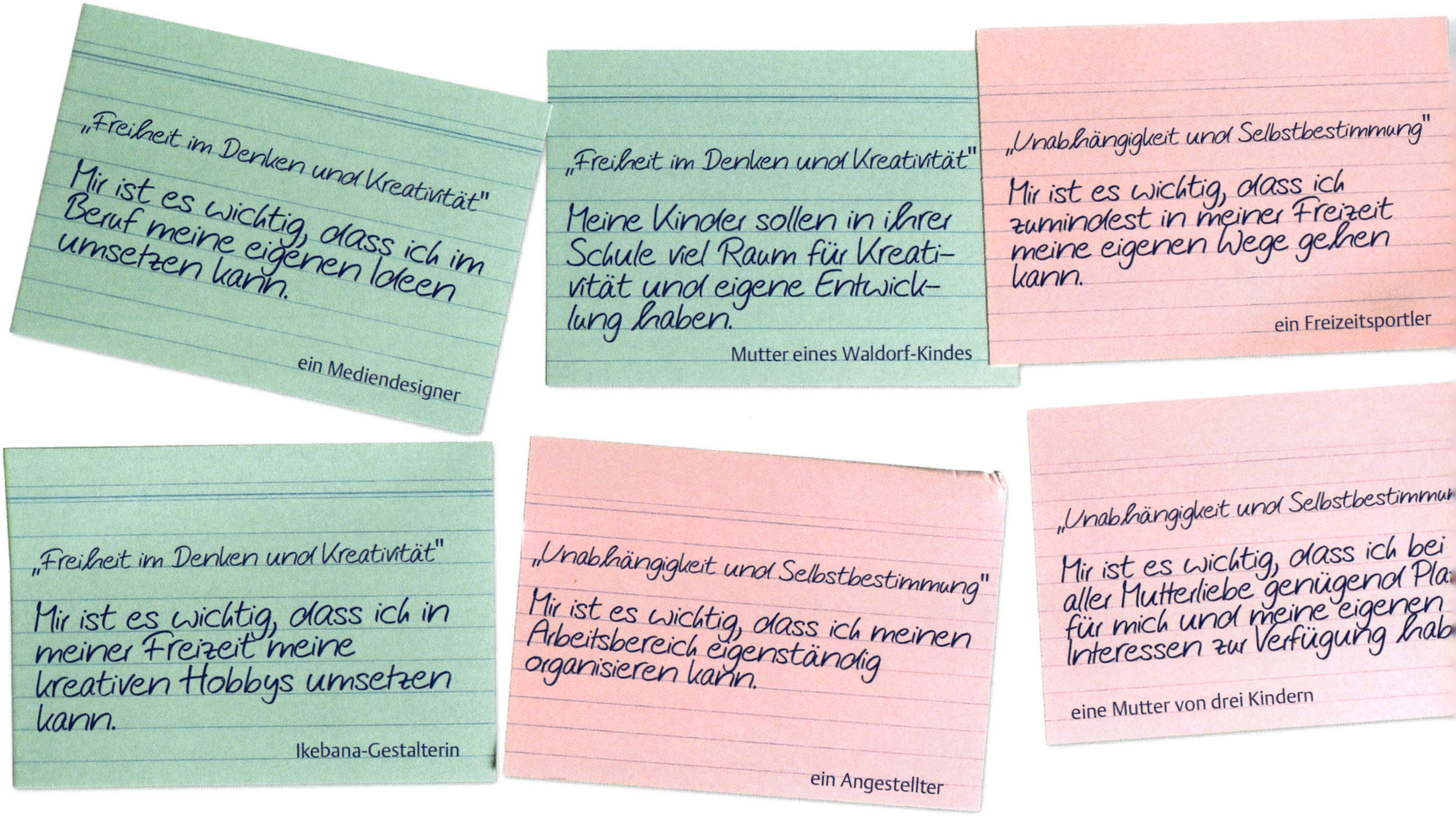
„Freiheit im Denken und Kreativität"
Mir ist es wichtig, dass ich im Beruf meine eigenen Ideen umsetzen kann.
ein Mediendesigner
„Freiheit im Denken und Kreativität"
Meine Kinder sollen in ihrer Schule viel Raum für Kreativität und eigene Entwicklung haben.
Mutter eines Waldorf-Kindes
„Unabhängigkeit und Selbstbestimmung"
Mir ist es wichtig, dass ich zumindest in meiner Freizeit meine eigenen Wege gehen kann.
ein Freizeitsportler
„Freiheit im Denken und Kreativität"
Mir ist es wichtig, dass ich in meiner Freizeit meine kreativen Hobbys umsetzen kann.
Ikebana-Gestalterin
„Unabhängigkeit und Selbstbestimmung"
Mir ist es wichtig, dass ich meinen Arbeitsbereich eigenständig organisieren kann.
ein Angestellter
„Unabhängigkeit und Selbstbestimmu
Mir ist es wichtig, dass ich bei aller Mutterliebe genügend Pla
für mich und meine eigenen Interessen zur Verfügung hab
eine Mutter von drei Kindern

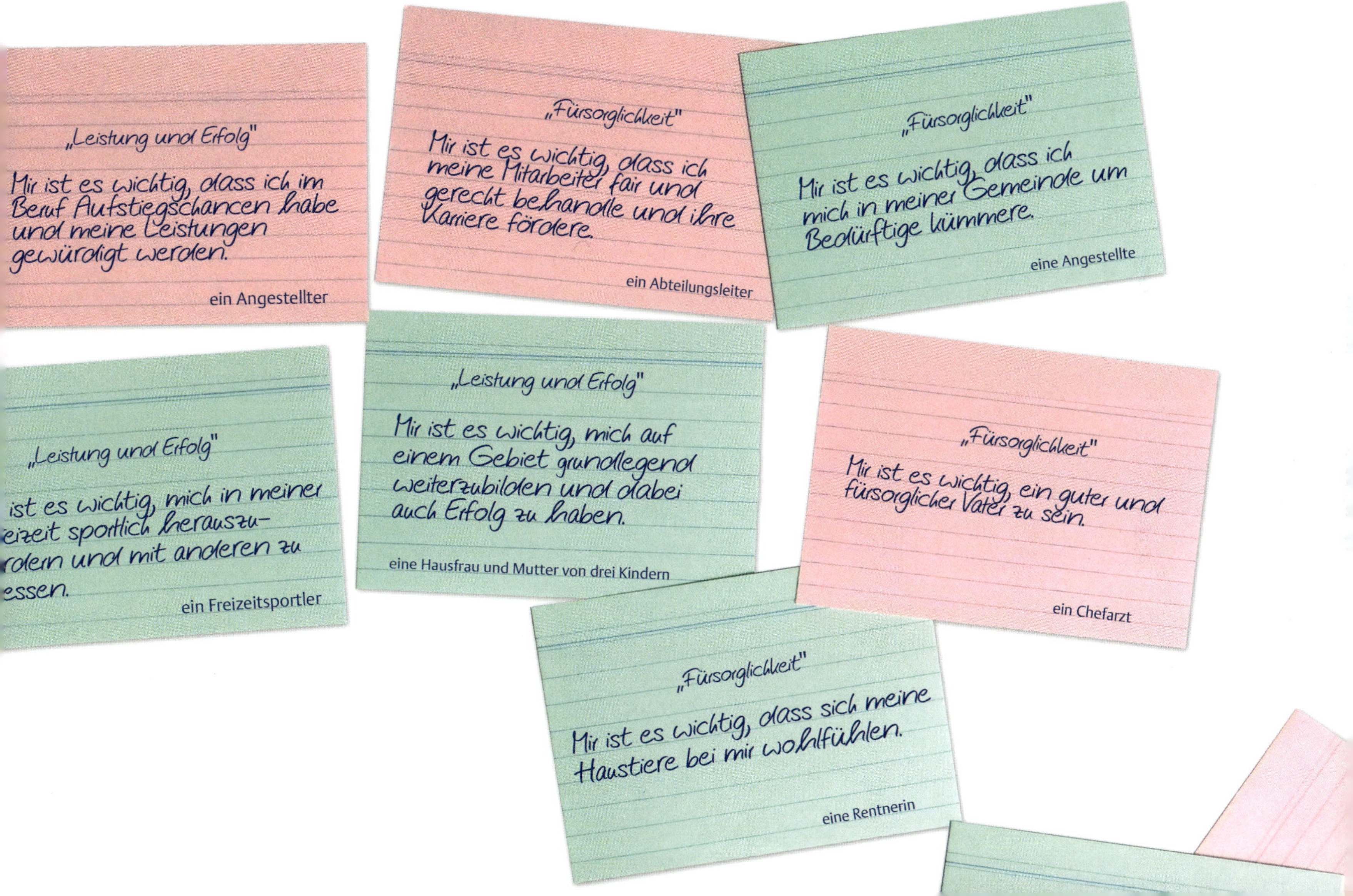
„Leistung und Erfolg"
Mir ist es wichtig, dass ich im Beruf Aufstiegschancen habe und meine Leistungen gewürdigt werden.
ein Angestellter
„Fürsorglichkeit"
Mir ist es wichtig, dass ich meine Mitarbeiter fair und gerecht behandle und ihre Karriere fördere.
ein Abteilungsleiter
„Fürsorglichkeit"
Mir ist es wichtig, dass ich mich in meiner Gemeinde um Bedürftige kümmere.
eine Angestellte
„Leistung und Erfolg"
ist es wichtig, mich in meiner
eizeit sportlich herauszu-
rdern und mit anderen zu
essen.
ein Freizeitsportler
„Leistung und Erfolg"
Mir ist es wichtig, mich auf einem Gebiet grundlegend weiterzubilden und dabei auch Erfolg zu haben.
eine Hausfrau und Mutter von drei Kindern
„Fürsorglichkeit"
Mir ist es wichtig, ein guter und fürsorglicher Vater zu sein.
ein Chefarzt
„Fürsorglichkeit"
Mir ist es wichtig, dass sich meine Haustiere bei mir wohlfühlen.
eine Rentnerin

Balance-Übungen für die Woche 4

1. Achtsamkeit trainieren

Bitte nehmen Sie sich auch diese Woche vor, Ihre Achtsamkeits-Übungen zu praktizieren. Am besten üben Sie täglich, und zwar in dieser Woche die Übung „Seinen Gedanken zusehen“, die Ihnen aus Woche 1 (Seite 35) schon bekannt ist. Überlegen Sie sich, wann und wo Sie trainieren werden, und tragen Sie sich die Termine ein.

2. Den Werten achtsam nachspüren

Wahrscheinlich sind Sie inzwischen gespannt, wie es mit Ihren Werten weitergeht und wie Sie diesen in Ihrem Leben mehr Raum geben können. Ihre Erwartung wird nicht enttäuscht werden: Nächste Woche beschäftigen wir uns mit den roten Karten, also den Mottos, denen Sie mehr Platz einräumen wollen. Aber zunächst möchten wir Ihnen eine sehr wirksame Balance-Übung vorschlagen.

Achten Sie im Laufe der Woche darauf, wann Ihnen Ihre Mottos oder Ihre einzelnen Werte begegnen. Wenn Ihnen in der letzten Übung bewusst geworden ist, dass Sie mehr auf Ihre Gesundheit achten möchten, werden Ihnen vielleicht vermehrt Fitnessstudios auffallen. Wenn Sie sich stärker um Ihre Familie kümmern wollen, werden Sie vielleicht bemerken, dass Sie beim Abendessen in Gedanken noch bei der Arbeit sind. Wenn Sie mehr Spaß und Abwechslung suchen, sehen Sie vielleicht Werbung für Konzerte oder Veranstaltungen.

Die Übung besteht darin, diese Hinweise achtsam wahrzunehmen. Achten Sie darauf, welche Gefühle oder Körperempfindungen diese Hinweise in Ihnen auslösen, und bleiben Sie für einige Atemzüge bei diesen Gefühlen – und zwar unabhängig davon, ob die Gefühle angenehm oder unangenehm sind. Versuchen Sie, nichts zu verändern oder zu bewerten – selbst wenn Ihnen zum Beispiel durch den Kopf geht: *„Oje, ich hab's noch nie geschafft, mehr Sport zu machen“.*

Protokollieren Sie diese Momente und machen Sie sich Notizen, welche Gedanken und Gefühle diesen Moment begleitet haben. Diese Notizen werden Sie die nächsten Wochen gut gebrauchen können, um mögliche Barrieren zu identifizieren.

	Situationen, in denen mir Mottos und Werte begegnet sind	Gedanken, Gefühle und Empfindungen
Montag		
Dienstag		
Mittwoch		
Donnerstag		
Freitag		
Samstag		
Sonntag		

Woche 5

Etwas ändern …

Letzte Woche haben Sie Ihr Werte-Profil überprüft und sich die Frage gestellt: „Wie gut setze ich das, was mir wirklich wichtig ist, in meinem Leben um?“ Ihre Mottos, also Ihre Lebensleitsprüche, sind seit letzter Woche gut ausgereift und stehen auf Karten notiert zum Einsatz bereit. Und mit diesem Einsatz geht es diese Woche weiter, denn wie hat der deutsche Mathematiker und Schriftsteller Georg Christoph Lichtenberg gesagt? „Wenn etwas besser werden soll, muss es anders werden.“ Und wir fügen noch hinzu: „Sofern die Möglichkeit dazu besteht …“

... wenn es zu ändern ist

Wir können den Wind nicht ändern, aber die Segel anders setzen.

Aristoteles (384 v. Chr.–322 v. Chr.)

Ziele dieser Woche

Diese Woche geht es darum, Veränderungen in Ihrem Leben zu planen und umzusetzen. Veränderungen zu einem Leben, das stärker an Ihren Werten orientiert und nach Ihren Mottos ausgerichtet ist. Ein Leben, in dem Sie mehr Energie, mehr Intensität und mehr Erfülltheit haben sollten.

Gewohnheiten lieben sich selbst.

Das Leben neu ausrichten

Vielleicht erinnern Sie sich noch an die Weisheit der dritten Woche? „*Wenn du auf dem Meer bist, solltest du auf deinen Kompass achten – ohne dabei die Klippen und Untiefen zu übersehen, die es zu umschiffen gilt*“? Den Kompass haben Sie inzwischen, denn der ergibt sich ja aus Ihren persönlichen Werten. Jetzt kommt es darauf an, diesen Kompass zu benutzen und den Kurs neu auszurichten.

Wie ändert man etwas in seinem Leben?
Zugegeben, die Frage „*Wie ändert man etwas in seinem Leben?*“ klingt ein wenig absurd. Ändert man nicht andauernd und ununterbrochen irgendetwas? Tut man dies nicht automatisch, intuitiv, aus dem Bauch heraus, Tag für Tag? Wie sonst wäre man in der Lage, sich an die Umgebung anzupassen? Ständig kommt etwas anders als gedacht und immer gibt es Dinge, die nicht klappen – und stets geht man spontan und flexibel darauf ein … oder?

Natürlich tun Sie das, und meistens auch ziemlich erfolgreich und wirkungsvoll. Genau darin aber liegt ebenfalls eine Gefahr: Denn gerade weil Sie Ihr Leben lang gelernt haben, automatisch auf die Anforderungen des Alltags zu reagieren, benützen Sie ein bestimmtes, ein bewährtes Verhaltens-Repertoire.

Bewährt ist bewährt
Das Repertoire, das Sie benutzen, um den Alltag mit all seinen Herausforderungen zu meistern, ist zum größten Teil bestimmt durch Erfahrungen aus der Vergangenheit: Was einstmals Erfolg gebracht hat, wird wiederholt und wiederholt, immer und immer wieder. Das sind unsere Gewohnheiten.

Gewohnheiten haben die seltsame Eigenschaft, dass sie sich selbst wiederholen. Gewohnheiten lieben sich selbst. Das ist in etwa so, als ob Sie einen Baumstamm durchsägen wollen, in dem es bereits eine Kerbe gibt. Wenn Sie nun knapp daneben einen neuen Schnitt ansetzen wollen, geraten Sie unweigerlich in die vorgefertigte Kerbe.

Bewährtes will man nicht loslassen – das ist uns Menschen eigen. Selbst bei schlechten Erfahrungen gibt es die Tendenz, gewohnte Verhaltensmuster zu wiederholen. Viele Frauen wählen beispielsweise stets den gleichen Typ von Mann, der ihnen nicht gut tut, obgleich eine Armada von Freundinnen die Hände über dem Kopf zusammenschlägt. Bewährtes bietet Sicherheit und das Gefühl von Vertrautheit – selbst wenn man damit gründlich unzufrieden ist.

Deshalb: Um einen größeren Kurswechsel vorzunehmen, ist es hilfreich, seine automatisierten Verhaltensmuster zu überprüfen und die Zukunft bewusster zu planen. Man sollte sich klare Ziele formulieren und sich auch auf mögliche Schwierigkeiten einstellen. Diese Woche geht es um diese Veränderungsarbeit, genau gesagt, geht es darum, sechs Schritte in Sachen Veränderung zu unternehmen.

Belohnung für die Arbeit

Veränderung ist emotionale Arbeit und emotionale Arbeit ist anstrengend. Sie sollten sich dafür belohnen.

Eine gute Idee – flexibler sein

Flexibilität stärkt die psychische Gesundheit. Umgekehrt gilt, dass Menschen, die starre Regeln befolgen und diese fixen Regeln auf verschiedene Anforderungen anzuwenden versuchen, für Depressionen gefährdet sind.

Wenn Sie zu den gut kontrollierten Menschen gehören, denen Regeln, Formen und Perfektion sehr wichtig sind, dann wäre es für Sie hilfreich, Ihre Geschmeidigkeit zu erhöhen. Sorgen Sie dafür, dass Sie einmal die Woche etwas völlig Unerwartetes machen:

- Nehmen Sie das Besteck seitenverkehrt in die Hände.
- Sprechen Sie jemanden freundlich in der Straßenbahn an und machen Sie ihr oder ihm ein Kompliment.
- Bringen Sie Ihrer Kollegin (oder Ihrem Kollegen) Blumen für den Schreibtisch mit, gerne auch mal ungewöhnliche Arrangements.
- Lassen Sie sich von Ihrem Partner oder einer anderen Person ein verrücktes T-Shirt kaufen und tragen Sie dieses in Ihrer Freizeit.
- Besuchen Sie ein Dunkel-Restaurant.
- Gehen Sie vor der Arbeit schwimmen.
- Probieren Sie eine neue Sportart aus.

Sie sehen, vieles ist möglich und es hört sich doch eigentlich nach viel Spaß an. Vielleicht haben Sie auch während des Lesens eigene Ideen entwickelt? Prima. Das Einzige, worauf Sie achten sollten, ist, dass Sie einmal die Woche Dinge machen, die absolut **nicht** zu Ihnen passen.

Und keine Angst, niemand wird sich über Sie und Ihre Aktivität lustig machen. Menschen bevorzugen offene, kreative Mitmenschen, die ihre Gefühle zeigen. Und in der Tiefe des Herzens sehnen wir uns doch alle danach, gemocht zu werden.

Und noch etwas: Ziehen Sie Ihre Augenbrauen hoch, wenn Sie jemanden begrüßen (kann man vor dem Spiegel üben). Sie werden überrascht sein, wie viel Freundlichkeit Ihnen entgegenschlägt ...

Auch die Umgebung mag es gewohnt

Und noch etwas ist wichtig: Nicht nur man selbst tendiert dazu, sich zu wiederholen, auch die Umgebung erwartet dies. Sie fordert einen indirekt dazu auf, falls man unangekündigte Veränderungen ausprobiert. Ein Beispiel soll verdeutlichen, welche heiklen Mechanismen dann zutage treten.

Herr Müller macht regelmäßig Überstunden (*„Einer muss die Arbeit ja schließlich erledigen“*). Alle haben sich daran gewöhnt, insbesondere sein Abteilungsleiter (*„Auf den Müller ist immer Verlass, prima Kerl“*). Man hat sich so sehr daran gewöhnt, dass niemand Herrn Müller besondere Anerkennung dafür ausspricht (*„Der Müller, der ist eben so“*).

Natürlich ist Herr Müller darüber ein wenig verbittert. Also arbeitet er noch ein bisschen mehr, dafür bekommt er wieder Anerkennung (*„Also Herr Müller! Ohne Sie würde der Laden hier zusammenbrechen!“*). Aber bald haben sich wieder alle daran gewöhnt. Jetzt fasst Herr Müller einen für ihn seltsamen Beschluss: Er schließt sich einer Fahrradgruppe an, die am Wochenende regelmäßig gemeinsam trainiert.

Herr Müller fühlt sich wohl in der Gruppe, der Sport beschwingt ihn, und manchmal geht man auch einen trinken …

Eines schönen Tages beschließt die Truppe, ihr Training auf Dienstag und Donnerstag auszuweiten – man könnte ja mal bei einem Marathon mitfahren. Nach zwei Bier ist auch Herr Müller Feuer und Flamme. Die Truppe will sich um 18 Uhr treffen, also eine Stunde nach Büroschluss. Das sollte für alle machbar sein – nur Herr Müller hat jetzt ein Problem: Zwar sind auch seine Arbeitszeiten offiziell um 17 Uhr beendet, aber er arbeitet immer bis nach 19 Uhr.

„Was wird mein Chef sagen, wenn ich plötzlich abhaue?“, denkt Herr Müller. Aber seine Fahrradtruppe ist ihm wichtig! Also nimmt er allen Mut zusammen und schleicht sich am Dienstag schon um zehn nach Fünf aus dem Büro. Natürlich begegnet ihm sein Chef auf dem Flur: *„Na, Herr Müller, heute schon so früh unterwegs?“* Herr Müller zuckt zusammen. Was sein Chef jetzt wohl von ihm denkt? Er geht zum Fahrradtraining, aber selbst dieses macht ihm heute keinen Spaß. Hat er heute seine wohlverdiente Beförderung vermasselt?

Wenn Sie in Ihrem Leben wirklich etwas ändern wollen, so sollten Sie Ihre Umgebung davon informieren.

Ein Teufelskreis
Am Donnerstag geht alles gut – niemand läuft Herrn Müller über den Weg. Das liegt daran, dass er den Hinterausgang gewählt hat. Am Freitag stellt er allerdings fest, dass er sein Arbeitspensum, das in den letzten Jahren mit seinen Überstunden angewachsen ist, nicht geschafft hat. Es fehlen ihm vier Stunden die Woche.

Gegen Ende der dritten Woche wird der Chef aufmerksam. Wichtige Bilanzen liegen nicht vor, er bittet Herrn Müller zum Gespräch: *„Herr Müller, auf Sie war doch immer Verlass, jetzt fehlen die Bilanzen, wie kann ich Sie unterstützen?“* Herr Müller gelobt Besserung und verlässt seine Fahrradtruppe. Die radelt eben ohne ihn.

Nach vier Wochen hat Herr Müller alles aufgearbeitet. Nur fühlt er sich seltsam erschöpft und etwas ausgebrannt. Er schafft sein Pensum nicht mehr bis 19 Uhr. Es scheint so, als müsste er einige Akten nach Hause nehmen …

Von Herrn Müller lernen
Nun, zugegeben, das Beispiel ist ein wenig pointiert. Aber viele ausgebrannte Menschen erzählen ähnliche Geschichten. Was würden Sie Herrn Müller raten? Wo lag sein entscheidender Fehler? Zyniker werden sagen, er hätte nicht Fahrrad fahren sollen. Die meisten aber würden unserem Rat zustimmen: *„Wenn Sie in Ihrem Leben etwas ändern wollen, dann sollten Sie dies Ihren Mitmenschen mitteilen!“*

Selbst wenn in diesem Beispiel natürlich Herr Müller alles Recht der Welt hat, um 17 Uhr sein Büro zu verlassen, so hat sich doch seine Umgebung (in diesem Fall sein Abteilungsleiter) daran gewöhnt, dass Herr Müller bis 19 Uhr zur Verfügung steht. Und selbst wenn er ein netter und fürsorglicher Chef ist, so plant er trotzdem mit diesen gewohnten Abläufen. Es wäre also sinnvoll gewesen, wenn Herr Müller seinen Chef informiert hätte, mit freundlichen, aber klaren Worten.

„Herr Kramer, ich wollte Ihnen nur sagen, dass ich von nun an zwei Tage die Woche, wie eigentlich vorgesehen, das Büro um 17 Uhr verlasse. Ich trainiere jetzt in einer Fahrrad-Gruppe, das tut mir gut. Ich weiß, Sie haben sich daran gewöhnt, dass ich das Pensum wegarbeite, Sie müssten also dafür Ersatz finden.“ Die meisten Chefs hätten dafür Verständnis, und ansonsten hätten sie Angst vor dem Betriebsrat …

Wohlgemerkt: Solch ein Gespräch ist unangenehm. Fast immer! Es fällt einem meist leichter, die Anforderungen der Umgebung zu bedienen. Aber wenn Sie etwas dauerhaft ändern wollen, so kommen Sie um diesen kurzen unangenehmen Schritt nicht herum.

So planen Sie Veränderungen – Schritt für Schritt

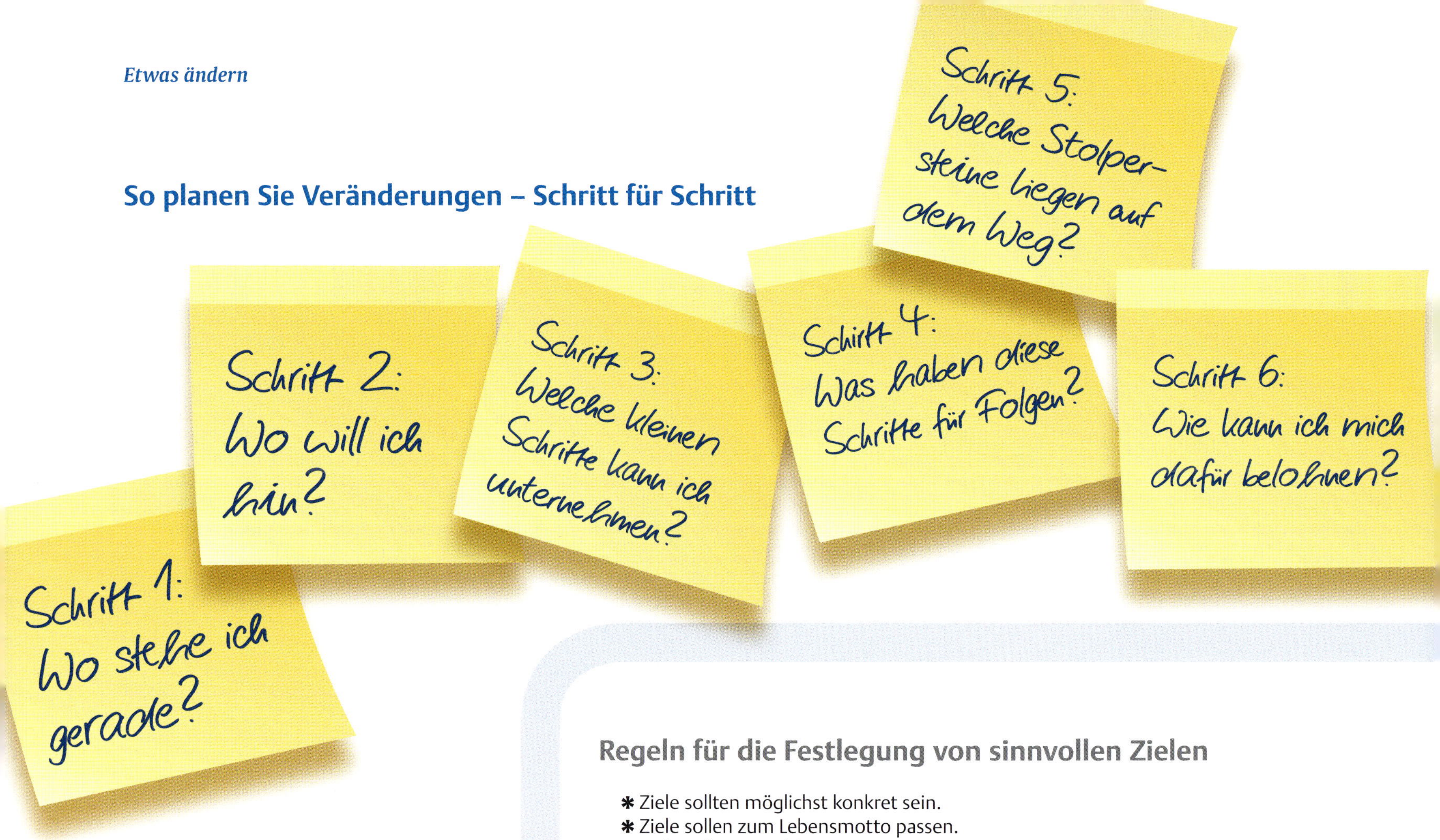

Regeln für die Festlegung von sinnvollen Zielen

- Ziele sollten möglichst konkret sein.
- Ziele sollen zum Lebensmotto passen.
- Ziele sollen erreichbar sein.
- Ziele sollen in aktiven Handlungen formuliert werden.

Die Faustregel lautet: Ziele, die auch ein Toter erreichen kann (wie etwa *„seine Ruhe haben“*, *„keine Angst mehr haben“*, *„weniger tun“*, *„sich nicht aufregen“*) sind eher ungeeignet.

Schritt 1: Wo stehe ich gerade?

Sie haben in der letzten Woche zwei Lebensmottos gefunden, denen Sie deutlich mehr Raum geben wollen. Wie Sie in dieser Woche gelesen haben, sind Ihre Gewohnheiten aber ordentliche Hürden bei der Verwirklichung von Veränderungswünschen. Veränderung wird nicht von selbst geschehen, daher sollten konkrete Maßnahmen und Schritte geplant werden.

Der Entschluss, sein Verhalten zu verändern, ist eine notwendige Voraussetzung, aber in aller Regel führt der Entschluss alleine nicht zum Erfolg (oder – Hand aufs Herz: Wie viele Ihrer Neujahrs-Entschlüsse haben Sie tatsächlich umgesetzt?). Es geht also darum, diese Entschlüsse auch tatsächlich im Alltag umzusetzen: Dazu wählen Sie sich bitte eines Ihrer beiden Mottos, die Sie besser umsetzen wollen, und erarbeiten sich Schritt für Schritt einen Veränderungsplan.

Der Veränderungsplan
Modellhaft zeigen wir Ihnen anhand eines Seminarteilnehmers, der das Motto gewählt hat *„Ich möchte ein guter Vater sein"* sein, wie ein Veränderungsplan aussehen kann. Wir führen Sie mithilfe dieses Beispiels durch die einzelnen Schritte – arbeiten Sie bitte parallel mit Ihrem eigenen Motto und notieren Sie sich Ihre Überlegungen. Eine Veränderungsplan-Vorlage mit Eintragmöglichkeiten finden Sie im Arbeitsheft ab Seite 19. Wenn Sie den Plan für Ihr erstes Motto fertig haben, können Sie dasselbe noch einmal für Ihr zweites Motto durchführen.

Schritt 1: Wo stehe ich gerade?
Welches Lebensmotto wird derzeit zu wenig gewürdigt?

Ich möchte ein guter und fürsorglicher Vater sein.

S. 19

Schritt 2: Wo will ich hin?
Welches Ziel will ich erreichen?

Ich möchte mit meinem Bub einmal die Woche auf den Bolzplatz gehen und trainieren.

Schritt 2: Ziele formulieren

Um Mottos wirklich umzusetzen, braucht man konkrete Ziele. Unsere Beispielperson, die sich das Lebensmotto *„Ich möchte ein guter und fürsorglicher Vater sein"* vorgenommen hat, kam nach einigem Grübeln auf die Idee, dass er zukünftig mit seinem sechsjährigen Sohn mehr Zeit auf dem Bolzplatz verbringen will. Der Bub spielt leidenschaftlich gerne Fußball, ist aber mit zwei linken Füßen ausgestattet. Etwas väterliche Unterstützung würde ihm also gut tun – er möchte in seinem Verein nicht nur auf der Reservebank sitzen. Und unser Vater hat immerhin mal in der Kreisklasse gekickt.

Was meinen Sie, ist dies ein gutes Ziel? Wir denken schon: Es ist konkret fassbar, passt gut zum Lebensmotto und es liegt in der Macht der Person, es auch umzusetzen.

Machen Sie sich nun also ans Werk, versuchen Sie ein klares Ziel zu formulieren, das den Anforderungen entspricht, die Sie im Kasten sehen. Und denken Sie daran: Sie zählen zu den Lebenden – also wählen Sie sich auch solche Ziele und notieren Sie sich diese in Ihrem Veränderungsplan.

Schritt 3: Kleine Schritte auf dem Weg zum Ziel

Auch ein konkretes Ziel kann aus mehreren ganz konkreten Handlungen bestehen. Unser vielbeschäftigter Vater musste sich zunächst mal einen Abend frei halten. Außerdem brauchte er neue Fußballschuhe. Die alten hatten nur noch einen Stollen. Und was soll der Junge von einem Vater denken, der mit solch antiquierten Kickschuhen aufläuft?

Es mag Ihnen vielleicht albern vorkommen, diese kleinen Schritte wirklich zu planen. In der psychologischen Forschung hat sich jedoch gezeigt, dass genau dies einer der Schlüssel zum Erfolg ist. Wissen Sie, warum Silvestervorsätze so selten in die Tat umgesetzt werden? Weil sich die wenigsten Menschen auf der Feier überlegen, was sie ganz konkret tun wollen, um diesem Vorsatz näher zu kommen.

Nun geht es an die ganz konkrete Planung – überschaubar und detailliert. Bitte gehen Sie wie in unserem Beispiel vor, zerlegen Sie Ihr Vorhaben in kleine Schritte und notieren Sie sich diese.

S. 21

Schritt 3: Welche kleinen Schritte kann ich unternehmen? Was kann ich wann konkret umsetzen?

Was? Kicken auf Bolzplatz.
Wann? Donnerstag um 18 Uhr.
Wo? Kappel, hinterm Bach.
Mit wem? Pablo
Wie kann ich mich vorbereiten?
Kickschuhe kaufen.

S. 20

Schritt 4: Was sind die Folgen?

Alle Schritte zur Veränderung haben Folgen in Ihrer Umgebung. Sie sollten sie darauf vorbereiten. Der Vater aus unserem Beispiel hatte am Donnerstag um 18 Uhr häufiger Termine. Um zu dieser Zeit tatsächlich auf dem Bolzplatz zu sein, musste er aber nicht nur die Termine anders legen, sondern das Büro um 17 Uhr verlassen. Zudem erwartet seine Frau zumindest ein Minimum an Zuwendung, wenn er nach Hause kommt. Und außerdem hat er ja noch eine Tochter, die eventuell eifersüchtig wird, wenn der Vater nun eine Extra-Trainingsstunde mit dem Bruder verbringt – als guter und fürsorglicher Vater muss er also für Ausgleich sorgen. Kino am Sonntag, einmal im Monat? Durchdenken Sie nun also die Konsequenzen Ihres Vorhabens und tragen Sie diese in Ihren Veränderungsplan ein.

Schritt 4: Welche Konsequenzen hat dieser Schritt für meine Umgebung und wie kann ich damit umgehen?

Sekretariat Bescheid sagen (Termine ab 17 Uhr am Donnerstag blocken).
Am Donnerstag mit dem Auto in die Arbeit fahren.
Katja Bescheid sagen, keine Zeit für herzliche Begrüßung (hat nichts mit ihr zu tun).
Chiara Bescheid sagen, dass wir einmal im Monat ins Kino gehen (ihr den Samstag vorschlagen).
Bisschen abnehmen, wegen unschickem Bauch – geht maximal als Torwart durch.

Schritt 5: Welche Stolpersteine liegen auf dem Weg?

Manchmal gelingt es, Entschlüsse einfach umzusetzen – manchmal. Meistens jedoch kommen einem „Dinge" in die Quere. Wenn es diese „Dinge" nicht gäbe, hätte man seine Lebensmottos vermutlich auch längst schon besser umgesetzt. Daher sollte man sich auf die Stolpersteine einstellen, die einem auf dem Weg zum Ziel begegnen werden, anstatt sich von ihnen überraschen zu lassen. Der Vater aus dem Beispiel hat sich vorausschauend Folgendes notiert.

S. 23

Schritt 5: Welche Stolpersteine liegen auf dem Weg?	Wie will ich damit umgehen?
Sekretärin beschwert sich, weil sie zu wenige Termine vergeben kann.	Ertragen, aber erzählen, wie wichtig der Termin für Pablo ist.
Stau bei der Heimfahrt.	20 Minuten mehr einplanen (gute Audio-CD hilft).
Pablo hat keine Lust.	Gilt nicht.
Es regnet.	Gilt auch nicht.
Es schneit.	Schneemann ins Tor.
Chiara ist sauer.	Kinoprogramm auflegen, sie soll sich selbst Film aussuchen, kann evtl. Freundin mitnehmen, wenn Paps alleine zu langweilig.
Abnehmen klappt wieder nicht.	Natürlich klappts nicht. Kann passieren. Gilt aber nicht als Ausrede, eventuell doch ins Tor gehen.

Eine kleine Geschichte über Stolpersteine ...

Wir könnten unser Leben mit einem Garten vergleichen: Wir sind die Gärtner in unserem Lebensgarten. Wenn wir uns so umblicken in unserem Garten, sehen wir viele Bereiche, mit denen wir zufrieden sein können. Aber es gibt einige Ecken, die sind ziemlich unterversorgt. Und vielleicht fehlen auch einige Pflanzen, die wir eigentlich lieben? Das macht uns unzufrieden und wir machen uns an die Arbeit. Doch manchmal ist es schwierig ...

Hier und da und überhaupt

Gärtnerin Susi ist sich unsicher. Sie möchte gerne mehr Blumen haben. Sie gräbt ein kleines Loch und steckt einige Setzlinge hinein. Schon nach einem Tag befallen sie Zweifel: Ist dies auch der richtige Platz? Sie gräbt die Setzlinge wieder aus und pflanzt sie an einer anderen Stelle wieder ein. Besorgt blickt sie auf die kümmerlichen Pflänzchen. Brauchen sie nicht etwas mehr Sonne? Noch einmal macht sie sich ans Werk und pflanzt sie an den sonnigsten Platz – oder ist es hier zu trocken? Erneut gräbt sie die Setzlinge aus, um sie in den Schatten zu setzen. Nach einigen weiteren Umzugsaktionen geben die zarten Pflänzchen ihren Geist auf. Gärtnerin Susi ist niedergeschlagen: Sie hat offensichtlich den richtigen Platz nicht finden können, das nächste Mal wird sie noch sorgfältiger suchen müssen ... Welchen Rat würden Sie Gärtnerin Susi geben?

Was und wie und das geht sowieso niemals

Gärtner Franz blickt in seinen Garten, er wirkt reichlich öde. Schon lange hat er sich vorgenommen, etwas Farbe hineinzubringen. Also beschafft er sich Bücher über Gartenarchitektur und beginnt zu schmökern. Er vertieft sich in wunderschöne Bilder mit Pflanzanleitungen und resigniert: *„So schön wie das aussieht, das schaffe ich doch nie ...“*, *„Bei mir sieht das nie so aus ...“* Er holt sich eine Gartenberatungsfirma, die ihm Pläne zeichnet, doch er zögert: *„Das wird zu teuer, das kann ich mir nicht leisten.“* Er besucht seinen Freund und bewundert dessen Garten. *„Oje, da brauche ich gar nicht erst anzufangen, bei mir wird das in einem Unkrautmeer enden.“* Resigniert blickt er in seinen öden Garten und seufzt: *„Ich bin einfach zu gar nichts zu gebrauchen, nicht mal das schaffe ich.“* Wie lautet Ihr Rat für Gärtner Franz?

Aber vorher eben noch – und morgen ist auch noch ein Tag ...

Gärtnerin Kathi hat einen klaren Plan: Heute ist ein sonniger Tag, und sie möchte endlich Himbeersträucher pflanzen. Das wird eine ordentliche Arbeit! Das Beet muss erst gerodet werden, außerdem liegen einige größere Steine in der Erde, die müssen vorher ausgegraben werden – anstrengend! Aber es gibt eine neue Sorte Himbeeren, und Kathi freut sich schon darauf, im Sommer die schmackhaften Beeren zu ernten.

Doch bevor sie sich an die mühsame Arbeit macht, die Steine auszugraben, muss sie noch kurz die Rosen schneiden. Das ist wichtig, Rosen müssen regelmäßig geschnitten werden. Auch der Rasen muss gemäht werden. Ja, und die Tomaten brauchen etwas Pflege. Der Tag neigt sich mehr und mehr dem Ende zu, da fällt Kathis Blick auf die Himbeersetzlinge – oje! Die müssen jetzt eben bis morgen warten. Aber dann auf alle Fälle als Erstes!

Am nächsten Tag nieselt es. Die Erde ist feucht und schwer. Es wird Mühe bereiten, die Steine auszugraben. Aber es ist ein guter Tag, um zunächst mal ein bisschen Unkraut zu jäten. Das kostet zwar den Vormittag, aber es rentiert sich! Gegen Nachmittag kommt die Sonne raus, Gärtnerin Kathi entsorgt einen ganzen Schubkarren voller Unkraut und ist zufrieden. Aber sie hat Schneckenfraß entdeckt, da muss sofort eingegriffen werden. Gärtnerin Kathi fährt kurz in den Baumarkt, um sich Schneckengift zu besorgen. Gegen Abend ist das Schneckengift gestreut. Kathi ist erschöpft. Den ganzen Tag gerödelt ... Doch als es langsam dunkelt, beschleicht sie ein unangenehmes Gefühl – da war doch noch was: die Himbeeren! Irgendwie kommt man zu gar nichts, obwohl man den ganzen Tag wie verrückt schafft. Man weiß ja schon nicht mehr, wo einem der Kopf steht!? Was wäre Ihr Tipp für Gärtnerin Kathi?

Alles muss seine Ordnung haben!
Gärtner Karl-Theodor blickt mit gewissem Stolz auf seinen Garten: Alles ist in Ordnung. Die Wege sind gekiest und gerecht, zwei Spalierbäume stehen kerzengerade, der Rasen ist auf Wembley-Niveau und die Rosen trauen sich kaum, ihre Blütenblätter abzuwerfen. Karl-Theodor könnte zufrieden sein. Aber irgendwie beschleicht ihn manchmal so ein Gefühl, dass etwas fehlt. Irgendetwas Lebendiges. Das letzte Tierchen, das sich in seinen Garten verirrt hatte, war in einer Maulwurfsfalle verendet. Und anschließend hatte er die Gartenmauern mit tiefen Betonfundamenten verstärkt. Wie lockt man jemand in solch einen Garten? Der Rasen könnte beschädigt werden, das Spalierobst Schaden nehmen, und wer weiß, wohin das führt, wenn man erst einmal die Kontrolle verliert ...
Könnten Sie Gärtner Karl-Theodor beraten?

Wenn nicht alles stimmt, dann muss es anders werden ...
Und schließlich ist da noch Gärtner Karl: Auch er wünscht sich einen wunderbaren Garten, möglichst mit vielen Kräutern und vielen verschiedenen wilden Rosen. Er liebt wilde Rosen, der Duft ist einfach unvergleichlich. Aber neulich hat er sich schon wieder an den Dornen seiner Rosen verletzt. Und da er sehr empfindlich ist und auf keinen Fall Schmerzen ertragen will, ist er verbittert. Wilde Rosen haben zu viele Dornen. Er sucht im Katalog nach modernen Züchtungen ohne Dornen. Und als er schließlich fündig wird, reißt er die wilden Rosen heraus, um sie durch die neuen zu ersetzen – völlig dornenfrei.
Gärtner Karl ist zufrieden – jedenfalls fast. Diese neuen Züchtungen sehen auch hübsch aus, aber sie entfalten überhaupt keinen Geruch. Sie duften nicht. Gärtner Karl stellt seinen morgendlichen Rundgang im Garten ein und schaut aus dem Fenster auf seine dornenlosen Rosen. Manchmal raucht er dabei eine Zigarette ... Na, Sie ahnen es, was sollte sich Gärtner Karl zu Herzen nehmen?

Was passieren kann

Sie sehen, es gibt viele Möglichkeiten, sein Leben misslich zu gestalten. Und manche Menschen sind darin Profis. Was nun sind Ihre „Stolpersteine"? Vielleicht haben Sie bei der Balance-Übung von letzter Woche schon welche entdeckt, als Sie Ihren Werten achtsam nachgespürt haben? Notieren Sie sich nun Ihre hinderlichen Gedanken, hinderliches Verhalten und hinderliche Tatsachen, also schlicht alles, was Ihnen bei der Umsetzung Ihres Zieles in die Quere kommen kann.

Hatten Sie gute Ratschläge für die frustrierten Gärtner? Wussten Sie, wie diese mit ihren Stolpersteinen umgehen könnten, um dennoch ihr Ziel zu erreichen? Prima. Geben Sie sich jetzt selbst diese Ratschläge und schreiben Sie sich auf, wie Sie mit diesen Stolpersteinen umgehen wollen. Schauen Sie sich zur Inspiration auch die Beispielnotizen „unseres" Vaters an, die Sie im Arbeitsheft auf Seite 23 finden.

S. 23

Schritt 6: Wie kann ich mich belohnen?

Muss man sich wirklich belohnen, wenn man sich etwas Gutes tut? An sich geht es ja in diesem Kapitel um die Verbesserung des eigenen Lebens, um etwas wirklich Bereicherndes. Aber Sie sollten sich trotzdem belohnen! Denn es ist manchmal gar nicht so einfach, sich auf den Weg zu machen, Ziele umzusetzen und Hindernisse zu überwinden.

Nehmen wir an, „Gesundheit" ist Ihnen ein hoher Wert. Ein wichtiges Lebensmotto wäre dann etwa: *„Ich will möglichst viel Sport treiben, um fit und gesund zu bleiben."* Das Ziel, das Sie sich setzen, ist: In einem Monat 5 Kilometer am Stück zu joggen. Der nächste kleine Schritt: Am Montagabend 15 Minuten mit der Freundin joggen gehen – das erste Mal seit über einem Jahr – das wird anstrengend.

Montagabend sagt die Freundin kurzfristig ab, Sie joggen alleine und sind nach 20 Minuten wieder zu Hause, völlig fix und fertig. Sie sollten sich jetzt belohnen! Gerade weil Sie sonst nicht lernen, dass diese Anstrengung auch kurzfristig Gewinn bringt.

Belohnen, ja, aber wie, fragen Sie vielleicht? Nun, Sie könnten ein Bier trinken. Aber wenn Sie ohnehin zu viel Gewicht auf den Rippen haben, ist Bier vielleicht nicht ideal, um sich zu belohnen. Sie könnten sich ein gutes Duftbad leisten? Oder Sie könnten Ihren Erfolg an Ihre Freunde twittern? Soziale Netzwerke sind sehr wirksam, um neues Verhalten aufzubauen!

Also, überlegen Sie, was Ihnen zusagt, und notieren Sie sich, wie Sie sich belohnen wollen, wenn Sie Ihr Teilziel erreicht haben.

Unser Modellvater fand zunächst auch, er habe eigentlich keine Belohnung verdient, schließlich ist das mit dem einmal die Woche Kicken ja das Mindeste, was er für seinen Sohn tun sollte. Als er sich aber noch einmal seine Stolpersteine vornimmt, und die Liste mit den Konsequenzen, sieht er, dass er doch einen beträchtlichen Aufwand betreiben muss. Also beginnt er Ideen aufzuschreiben.

Und jetzt sind Sie dran mit Belohnungsideen. Auch diese notieren Sie bitte wieder in Ihrem Arbeitsheft.

Schritt 6: Wie kann ich mich belohnen?

Nach dem Fußball mit Pablo auf einen Wein, abends mit meiner lieben Frau?

S. 25

Aber die größte Belohnung für unseren Modellvater war dann doch der bewundernde Blick seines Sohns nach einem gehaltenen Elfmeter: „*Mann Paps, ich wusste gar nicht, dass du so ein super Torwart bist!*" – „*Tja, weißt du, ich hätte beinahe mal Bundesliga gespielt, aber dann hab ich deine Mama kennengelernt …*"

Balance-Übungen für die Woche 5

1. Die Achtsamkeit trainieren

CD Auch diese Woche sollten Sie täglich (oder zumindest so oft wie möglich) Ihre Achtsamkeit trainieren. Dieses Mal nehmen Sie bitte die Übung „Seinen Gefühlen zusehen", die Sie aus Woche 1 kennen (Seite 35). Planen Sie wieder, wann und wo Sie üben wollen, und haken Sie erledigtes Üben in Ihrem Kalender ab.

2. Veränderungen umsetzen

Wahrscheinlich können Sie sich schon denken, welche weitere Aufgabe wir Ihnen für diese Woche auf den Weg geben wollen. Gehen Sie einen kleinen Schritt in Richtung eines Lebens, das sich stärker an Ihren persönlichen Werten orientiert. Nutzen Sie dabei Ihre Aufzeichnungen aus Schritt 3 „Kleine Schritte auf dem Weg zum Ziel" und planen Sie schon jetzt ganz genau, wann, wo und mit wem Sie in genau dieser Woche einen Schritt tun wollen – und sei er noch so klein!

Gehen Sie die rechts stehenden Fragen durch und notieren Sie sich, was Sie tun möchten.

Was will ich in der kommenden Woche ausprobieren?

Um welches Lebensmotto geht es?				
Was ist mein konkretes Ziel?				
Welche Aktivität plane ich?				
Wann genau will ich sie umsetzen?				
Mit wem will ich sie umsetzen?				
Welche Konsequenzen hat dies?				
Gibt es Stolpersteine?				
Ist es mir gelungen?				

Woche 6

Abstand gewinnen ...

Es gibt Dinge im Leben, die man weder kontrollieren noch ändern kann. Das kann ein Grund sein zum Grübeln und Hadern oder aber eine Gelegenheit, die eigene annehmende Haltung zu trainieren.

... und schwierige Dinge annehmen

Man muss ertragen lernen, was man nicht vermeiden kann.
Michel de Montaigne (1533–1592)

Ziele dieser Woche

In den nächsten sieben Tagen werden Sie Ihren eigenen Fürsorglichen Beobachter kennenlernen, um mit seiner Hilfe Abstand zu Ihren unangenehmen Gedanken und Gefühlen zu entwickeln. Sie werden lernen, nicht mehr automatisch auf diese Gefühle und Gedanken zu reagieren, und üben, eine annehmende Haltung und Gelassenheit gegenüber Dingen einzunehmen, die Sie nicht ändern können.

Die Fähigkeit, das Wort Nein auszusprechen, ist der erste Schritt zur Freiheit.

Nicolas Chamfort (1741–1794)

Ändern und akzeptieren

Kennen Sie den Wunsch „*Gib mir den Mut, Dinge zu ändern, die ich ändern kann, die Gelassenheit, Dinge hinzunehmen, die ich nicht ändern kann, und die Weisheit, das eine vom anderen zu unterscheiden*"?

Letzte Woche haben Sie sich intensiv damit auseinandergesetzt, wie Sie Dinge ändern können, die zu ändern sind. Sie haben sich einiges vorgenommen und vielleicht haben Sie einiges auch tatsächlich schon umgesetzt. Stück für Stück kommen Sie voran auf Ihrem Weg zu einem werteorientierten Leben.

Wahrscheinlich ist Ihnen trotz aller Vorsätze aber nicht alles gelungen, was Sie sich überlegt haben? Das ist der Normalfall. Einen neuen Kurs konsequent von Anbeginn an beizubehalten, das schaffen die wenigsten. Häufig stört etwas, Hindernisse tauchen auf, nicht alles ist vorhersehbar. Manchmal sind dies äußere Gegebenheiten, über die man keine Kontrolle hat. In den meisten Fällen aber steht man sich schlichtweg selbst im Weg, genauer gesagt mit seinen eigenen Gedanken und Gefühlen! Ein klassisches Problem ist zum Beispiel das Nein-Sagen. Enorm viele Menschen sind gehemmt, das Wörtchen Nein auszusprechen, was dazu führt, dass sie ihre eigenen Bedürfnisse viel zu wenig umsetzen.

Neue Möglichkeiten

In einem Seminar erzählte uns eine Teilnehmerin, dass sie eigentlich keine freie Minute habe. Ständig sei sie eingebunden in die Pflege ihres Vaters, in den Haushalt, in die Arbeit. Sie hatte den dringenden Wunsch, auch mal ein wenig Zeit für sich „*freizuschaufeln*", aber „*irgendwie klappte das nie*". Der wichtigste Stolperstein in der Umsetzung, so stellte es sich nach einer kurzen Nachfrage heraus, war ihre Angst davor, Nein zu sagen, und ihr Gedanke „*Ich halte das nicht aus, wenn ich Nein sage, die anderen könnten denken, ich sei zu egoistisch*".

Nun, was würden Sie dieser Frau raten? Guter Rat ist hier nicht einfach, aber auch nicht unmöglich. Man könnte die Seminarteilnehmerin zum Beispiel fragen: „*Was würde denn wirklich passieren, wenn Sie mal Nein sagen würden?*". Oder auch: „*Haben Sie eine Vorstellung, woher diese Befürchtungen eigentlich kommen?*". Oder: „*Vielleicht haben Sie früher mal schlechte Erfahrungen gemacht und könnten jetzt lernen, dass diese Befürchtungen heute nicht mehr zutreffen?*". Oder: „*Was würden Sie selbst denn Ihrer besten Freundin raten, wenn diese so denken würde?*".

Sie haben es sich wahrscheinlich schon gedacht – die oben erwähnten Fragen sind klassische psychotherapeutische Fragen. Und all diese Fragen zielen darauf, die Bedeutung der hinderlichen Gedanken und die Wirkung der hinderlichen Gefühle abzuschwächen, zu relativieren und sie aus einem anderen Blickwinkel zu sehen. Es geht darum, mit diesen Fragen die betroffene Person dabei zu unterstützen, endlich einmal laut und freundlich Nein zu sagen, wenn sie sich überfordert fühlt.

Das erste Ziel dieser Woche besteht also darin, dass Sie einige Fertigkeiten kennenlernen, die Ihnen helfen, mit hinderlichen Gedanken und Gefühlen so umzugehen, dass Sie wichtige Ziele dennoch umsetzen und verwirklichen können.

Äußere Umstände
Wie verhält es sich nun aber mit den äußeren Umständen? Was tun mit dem unsympathischen neuen Nachbarn, der sofort die Polizei holt, wenn Ihr Auto falsch geparkt ist? Was tun mit der unfähigen Klassenlehrerin Ihrer Tochter oder der Schließung des Lebensmittelladens in der Nachbarschaft, in dem Sie bisher immer eingekauft haben?

Nun, Tatsache ist, Sie können nicht alles kontrollieren. Das zu akzeptieren, fällt noch schwerer, wenn Probleme auftauchen, die Ihr Leben sehr stark beeinflussen: Eine schwerwiegende Erkrankung beispielsweise, lang währende Familienkonflikte oder ein Autounfall.

Das zweite Ziel dieser Woche besteht also darin, die Gelassenheit zu trainieren gegenüber schwierigen und belastenden äußeren Umständen, die nicht zu ändern sind.

Unglück akzeptieren

Das Leben ist oft sehr einfallsreich, was Unglück anbelangt. Eine Überschwemmung in Ihrem Keller just eine Woche nachdem Sie die Versicherung gekündigt haben? Solches liegt außerhalb Ihrer Macht. Ärgern ist normal, aber langfristiges Grämen hilft nicht wirklich weiter.

Schwierigkeiten sind normal
Nehmen Sie bitte Ihre Aufzeichnungen von letzter Woche zur Hand und sehen Sie sich Ihren Veränderungsplan noch einmal im Arbeitsheft an. ab S. 19

Mit ihm hatten Sie konkrete Aktivitäten geplant, um ein von Ihnen gewähltes Lebensmotto umzusetzen. In der letzten Spalte stehen Ihre Notizen, ob dies geklappt hat, und, wenn ja, wie gut Ihnen dies gelungen ist. Nun gibt es zwei Möglichkeiten: Entweder Sie sind bei der Umsetzung auf Schwierigkeiten gestoßen (was ganz normal wäre), dann sollten Sie mithilfe der rechts stehenden Tabelle „Rückblick auf die Umsetzung meiner kleinen Schritte" beschreiben, worin die Hindernisse eigentlich bestanden haben. Haben Sie Ihre Aufgabe einfach vergessen? Lag es an äußeren Umständen? Oder sind Sie sich selbst im Weg gestanden – beziehungsweise Ihre Gedanken, Befürchtungen und Gefühle?

Falls alles geklappt hat, gratulieren wir Ihnen. Trotzdem können auch Sie von solchen Reflexionen profitieren. Versuchen Sie die Tabelle „Rückblick auf die Umsetzung meiner kleinen Schritte" doch ebenfalls auszufüllen, stellen Sie sich dazu eine schwierigere Aufgabe vor und tragen Sie Ihre diesbezüglichen Überlegungen ein.

Übung „Rückblick auf die Umsetzung meiner kleinen Schritte"

Das ist mir nicht gelungen bei der Umsetzung meiner kleinen Schritte ...		
Grund: Vergessen		
Grund: Äußere Hindernisse		
Grund: Hinderliche Gedanken		
Grund: Hinderliche Gefühle		
Sonstige Gründe:		

Sie haben den Rückblick auf Ihre Umsetzung des Lebensmottos vorgenommen und die Tabelle ausgefüllt? Vielen Dank, das ist eine gute Voraussetzung, um sich den zwei Zielen dieser Woche erfolgreich zu nähern. Wir beginnen rechts mit dem Ziel 1, das die hinderlichen Gedanken und Gefühle in Augenschein nimmt.

Ziel 1: Mit hinderlichen Gedanken erfolgreich umgehen

Lesen Sie sich Ihre eigenen hinderlichen Gedanken und Gefühle in der Tabelle „Rückblick auf die Umsetzung meiner kleinen Schritte“ noch einmal durch. Sie können diese Liste jetzt in der Tabelle „Hinderliche Gedanken und Gefühle identifizieren“ durch weitere für Sie typische hinderliche Gedanken ergänzen.

Aus einem Seminar, das wir einmal durchgeführt haben, stammt die rechts stehende Beispielliste.

Übung „Hinderliche Gedanken und Gefühle identifizieren“

Ziel	Situation (Aktivitäten)	Hinderliche Gedanken	Hinderliche Gefühle	Was sind die Folgen?
Freundliche Unterstützung des Sohnes	Unterstützende Hausaufgaben	Der ist zu faul	Wut	Streit
Verbesserung der Partnerschaft	Gemeinsame fröhliche Urlaubsplanung	Wenn ich mich durchsetze, ist er im Urlaub unausstehlich	Hilflosigkeit	Ich mache, was er sagt, wir fahren wieder nach Bad Salzufflen
Vorschläge in der Arbeit besser einbringen	Im Meeting melden und Vorschlag machen	Ich kann nicht so gut reden wie die anderen, die werden sich über mich lustig machen	Scham	Ich melde mich nicht

Dein Denken kann aus der Hölle einen Himmel und aus dem Himmel eine Hölle machen.
John Milton (1608–1674)

Gedanken für Veränderungswillige
Erinnern Sie sich noch an den Gärtner Franz aus Woche 5, der den Garten seines Lebens neu gestalten wollte und dabei auf große Schwierigkeiten stieß? Auch bei ihm tauchten immer wieder Überlegungen auf wie: *„Das schaffe ich nie"*, *„Bei mir wird das nicht so gut aussehen wie bei den Anderen"*, *„Was werden die Nachbarn sagen, wenn ich plötzlich mit so seltsamen Ideen komme?"*.

Die meisten Menschen kennen derartige Gedanken. Sie sind ja auch manchmal ganz hilfreich – eben dann, wenn man alles beim Alten lassen will, möglichst wenig auffallen will und möglichst viel Sicherheit spüren will. Wenn Sie allerdings Dinge ändern und Ihrem Leben eine neue Richtung geben möchten, dann sind diese Gedanken – und auch die unangenehmen Gefühle, die damit verbunden sind – ziemlich hinderlich.

Reaktionsmöglichkeiten auf hinderliche Gedanken
Es gibt mehrere Möglichkeiten, auf hinderliche Gedanken zu reagieren: Man kann versuchen, automatische Gedanken und Gefühle zu ändern, man kann versuchen, sie wegzuschieben, oder man kann akzeptieren, dass sie auftauchen, ohne sich von ihnen beeinflussen zu lassen. Allen drei Methoden ist aber eines gemeinsam: Man muss diese unangenehmen Gedanken und Gefühle zunächst mal „begrüßen": *„Hallo, dich kenne ich schon."* Oder: *„Ach ja, da ist ja wieder dieses Ich-schaffe-das-nie-Gefühl."* Oder: *„Ach ja, da ist ja wieder dieser Ohne-mich-geht-gar-nichts-Gedanke"*.

Begrüßen hilft bei hinderlichen Gedanken. Denn Begrüßen führt zunächst mal zu einer annehmenden Haltung: Die Gedanken sind da, jetzt kann ich mit ihnen etwas anfangen. Reaktionen wie *„Das darf doch nicht wahr sein, jetzt habe ich schon wieder Angst, mich zu blamieren"* oder *„Wie komme ich möglichst rasch aus dieser Situation raus?"* sind dagegen wenig nützlich. Sie untergraben, dass man sich mit den hinderlichen Gedanken aktiv auseinandersetzt.

Wenn Sie es schaffen, Ihre hinderlichen Gedanken zu begrüßen und beim Namen zu nennen, dann haben Sie schon fast gewonnen!

- Sie haben etwas Distanz geschaffen,
- Sie haben es geschafft, sich selbst über die Schulter zu schauen,
- Sie haben es geschafft, eine Beobachter-Position einzunehmen.

Diese Sichtweise ist die des Fürsorglichen Beobachters. Sie haben ihn in Woche 2 schon kennengelernt, nun geht es darum, dass Sie enger mit ihm Freundschaft schließen.

Der Fürsorgliche Beobachter
Weshalb ist der Beobachter der „fürsorgliche"? Nun, betrachten wir zunächst die gegensätzliche Position, denn man kann sich ja auch selbst geißeln.

Manche Menschen verbringen viel Zeit damit, sich selber fertigzumachen. Gerade wenn man hohe Ansprüche an sich stellt, rutscht man leicht in die Selbst-Geißel-Falle: *„Jetzt habe ich auch noch Angst"*, *„Ich habe mir doch schon zig Mal vorgenommen, geduldig zu sein – ich bin einfach eine schlechte Mutter …"*, *„Jetzt kommen schon wieder diese doofen Gedanken …"* – Kennen Sie das? Nun, Sie können sich immerhin schon beobachten. Trotzdem wäre Freundlichkeit erbaulicher, Fürsorglichkeit eben: *„So bin ich halt, es hat schon seine Gründe, weshalb ich so denke, das ist so bei mir, andere sind da auch nicht besser."* – Hört sich das nicht viel angenehmer an?

Unterstützer für Ihr Leben

Der Fürsorgliche Beobachter wird Ihnen helfen, sich selbst und Ihre automatischen Gedanken und Gefühle zu erkennen, zu begrüßen und so anzunehmen, wie sie sind.

Den Fürsorglichen Beobachter trainieren

Eigentlich ist es relativ einfach, den Fürsorglichen Beobachter zu trainieren, und zwar so: Sie können lernen, sich beim Denken und Fühlen zuzusehen und anzunehmen.

Am besten vertiefen Sie sich einmal in folgende Übung und erfahren, wie das geht: Auf der nächsten Seite sehen Sie eine Reihe von Wörtern und Bildern. Nehmen Sie Papier und decken Sie alle Wörter und Bilder zu. Nun decken Sie ein Wort oder ein Bild nach dem anderen auf, jedes einzelne betrachten Sie bitte eine Weile. Ihr Gehirn wird dabei Gedanken entwickeln und vielleicht auch Gefühle erzeugen.

Notieren Sie sich Ihre Gedanken und Gefühle auf ein leeres Blatt, das Sie nach der Übung ungehindert zerknüllen und wegwerfen können. Denn: alle Gedanken sind erlaubt, sie kommen eh von selbst – ob Sie wollen oder nicht. Aber bevor Sie das Blatt entsorgen, lesen Sie sich Ihre Gedanken noch einmal durch und sagen sich dabei: *„Aha, interessant, so also denke ich"*. Und wenn Sie sich dabei ertappen, dass Sie die berühmten Sätze denken wie *„Das ist ja peinlich"*, *„So denkt doch kein Mensch"*, *„Ist ja mal wieder typisch …"*, dann notieren Sie sich diese Gedanken ebenfalls und sagen sich dabei freundlich: *„Ja, so bin ich, immer ein bisschen kritisch mit mir selbst …"*

Versager

Sex

unzulänglich

Fußball

Sieger

Konkurrenz

Automatische Gedanken
Sie haben die Bilder von Seite 102 betrachtet und sich selbst währenddessen beobachtet? Sie sollten dabei bemerkt haben, dass Ihr Gehirn ganz automatisch Gedanken und Gefühle produziert. Manchmal sind diese Gedanken sehr bedeutsam und sollten unbedingt sofort in Handlungen umgesetzt werden oder der Nachwelt erhalten bleiben. Meistens aber sind diese Gedanken relativ belanglos, sie kommen auf, sobald irgendwelche Reize oder Informationen auftauchen.

Viele Gedanken entstehen einfach nur, weil sie irgendwann mal so gelernt wurden. Aber weil eben so viel von früher in die Gedanken einfließt, sagen sie über die Gegenwart relativ wenig aus. Es gibt zu diesem Sachverhalt auch eine interessante Übung, die wir Ihnen im Folgenden vorstellen. Sie besteht aus einigen Sätzen, denen jeweils ein Wort fehlt. Notieren Sie sich, welche Ergänzungen Ihnen zu den Sätzen automatisch einfallen.

Übung „Sätze ergänzen"

Ein Indianer kennt keinen ______________.

Der Apfel fällt nicht weit vom ______________.

Aus den Augen, aus dem ______________.

Hinterher ist man immer ______________.

Wer zuletzt lacht, lacht am ______________.

Haben Sie die Sätze in der Übung ergänzt und Ihre Gedanken niedergeschrieben? Haben Sie auch notiert, dass Indianer keinen Schmerz verspüren? Jetzt stellen Sie sich mal vor, Sie würden in einem Bus über die weite Prärie in den Vereinigten Staaten tingeln. Es ist brennend heiß, der Bus hält mitten im Nirgendwo, um einen Indianer einsteigen zu lassen. Dieser nimmt seinen Federschmuck ab, setzt sich neben Sie und seufzt tief mit schmerzverzerrtem Gesicht: Er habe fürchterliches Kopfweh, der Federschmuck ist einfach zu eng geworden in all den Jahren. Ihnen fällt ein, dass Sie ein Aspirin in der Handtasche haben. Würden Sie es ihm anbieten, oder würden Sie erwidern, dass Indianer doch keinen Schmerz verspüren?

Nun, Sie würden dem Mann helfen. Sehen Sie, dass Sie manchmal – oder eigentlich ziemlich häufig – Ihren üblichen Gedanken gar keine Bedeutung zumessen? Weshalb setzen sich dann andere Gedanken so stark durch? Gedanken wie: *„Ich darf mir keine Blöße geben", „Ich darf keine Angst haben", „Ich darf mich nicht blamieren", „Ich schaffe das nicht", „Ich bin zu blöd dafür", „Ich darf keine Gefühle zeigen …"*

Bekannt und irgendwie vertraut

Manche unangenehmen hinderlichen Gedanken sind wie langjährige Bekannte, die wir eigentlich noch nie mochten, die aber aus irgendeinem Grund zu unserem Freundeskreis dazugehören. Oder wie Verwandte, mit denen wir nicht gut auskommen, die wir aber dennoch auf jeder Familienfeier wiedersehen. Sie mischen sich mit schlafwandlerischer Sicherheit dann in ein Gespräch ein, wenn wir einem guten Freund oder unserer Lieblingstante gerade etwas Wichtiges erzählen wollten. Sie sind in unserem Leben und tun ihm eigentlich nicht gut. Aber sie sind vertraut.

Gedankenbumerang
Manchmal lassen sich unangenehme Gedanken kurzfristig wegschieben oder verändern: Wenn Sie etwa den Gedanken haben *„Das schaffe ich nie“*, können Sie sich ganz bewusst an eine schwierige Situation erinnern, die Sie erfolgreich bewältigt haben. Viele Menschen machen dies ganz automatisch, andere üben sich darin, dies zu trainieren. *„Du schaffst das schon“* kann man sich zum Beispiel vor einer Prüfung sagen, und oft ist dies auch hilfreich.

Häufig kommen die unangenehmen Gedanken oder Gefühle jedoch zurück – und zwar immer dann, wenn man sie am wenigsten brauchen kann. *„Du schaffst das nicht“*, *„Das tut der nur um dich zu ärgern“*, *„Wie kann man nur so blöd sein“*. Bei hartnäckigen Gedanken oder Gefühlen, die einen schon lange begleiten, kann es sehr anstrengend sein und viel Energie kosten, jedes Mal gegen sie anzukämpfen. Beliebte Strategien, die man dann anwendet, um die unangenehmen Gedanken und Gefühle kleinzukriegen, sind Vermeidung, Ablenkung und Betäubung. Ob bei Ihnen selbst eine der Strategien greift, dem können Sie mithilfe der rechts stehenden Tabelle auf die Schliche kommen.

Übung „Umgang mit unangenehmen Gedanken und Gefühlen“

Strategien	Beispiel	Eigene Situationen
Vermeiden	Dinge vor sich herschieben; unangenehmen Situationen aus dem Weg gehen	
Ablenken	Gedanken oder Gefühle wegschieben, indem Sie essen, einkaufen, ausgehen, fernsehen, lesen oder Ähnliches	
Unterdrücken oder Betäuben	Flucht in Fantasiewelten, Extremsportarten, Alkohol, Drogen, Medikamente	

Vermeiden, ablenken, unterdrücken und betäuben
Falls Sie diese oder andere Strategien kennen, befinden Sie sich in guter Gesellschaft. Die allermeisten Menschen haben schon einmal darauf zurückgegriffen, wenn es darum ging, unangenehme Gedanken oder Gefühle loszuwerden. Das Problem ist nur: Diese Strategien sind zwar kurzfristig manchmal wirksam, langfristig helfen Sie jedoch oft nicht oder machen alles nur schlimmer. Man kann dies gut vergleichen mit dem Drang, sich bei einem juckenden Mückenstich zu kratzen: Wir wissen, dies hilft kurzfristig. Aber sehr bald schon kommt der Juckreiz zurück – stärker als vorher. Je mehr wir kratzen, desto schlimmer wird der Juckreiz.

Für Ihre innere Balance sind diese Strategien problematisch, wenn sie Sie

* viel Zeit und Energie kosten,
* davon abhalten, Dinge zu tun, die Ihnen wichtig sind,
* Ihrer Gesundheit schaden.

Kontrolle über Gedanken und Gefühle?
Nach all dem, was Sie nun schon über die Strategien Vermeiden, Ablenken, Unterdrücken und Betäuben wissen, stellen Sie sich vielleicht die Frage, warum man sie überhaupt anwendet, wenn sie doch mit so viel negativen Nebenwirkungen verknüpft sind? Ist es ein Zeichen von Schwäche, wenn man seine eigenen Gedanken und Gefühle nicht im Griff hat? Warum legt man sich nicht „einfach" eine positivere Lebenseinstellung zu? Warum folgt man nicht dem gut gemeinten Tipp *„Denk einfach an etwas anderes"*?

Die Antwort ist: Gedanken und Gefühle lassen sich nicht so einfach kontrollieren. Das Gehirn des Menschen ist dazu gemacht, ihn vor Gefahren zu schützen und sein Überleben zu sichern. Nicht, damit der Mensch sich möglichst gut fühlt. Schauen wir uns das auf der nächsten Seite mit ein paar kleinen Experimenten genauer an.

Lisa Lyssenko

Wenn Angst abhält
Vermeiden, Ablenken, Unterdrücken und Betäuben hält einen davon ab, dass man sein Leben nach den eigenen Bedürfnissen gestaltet. Ich will das an einem Beispiel deutlich machen. Stellen Sie sich vor, dass Sie Ihrem Partner eigentlich dringend mitteilen wollen, dass Sie sich vernachlässigt fühlen. Aber Sie haben Angst davor: „Der wird mich wieder nicht ernst nehmen, vielleicht fange ich wieder an zu heulen". *Und da Sie genau diese Angst nicht annehmen und auch nicht ertragen wollen, werden Sie dieses wichtige Gespräch nicht suchen. Und alles geht so weiter wie bisher.*
Sie könnten sich ja auch von diesem Kummer mit Ihrem Partner ablenken, indem Sie mit einer Freundin ein paar Gläschen Wein trinken. Ist ja auch ganz nett und hilfreich, aber eben nur kurzfristig. Ihre Beziehung zu Ihrem Partner wird sich dadurch nicht ändern. Vielleicht weiß er ja gar nicht, was Sie sich eigentlich von ihm wünschen würden …

Übung „Der grüne Pinguin“

Versuchen Sie doch mal, die Augen zu schließen und eine Minute lang nicht an einen grünen Pinguin zu denken! – Legen Sie das Buch beiseite und konzentrieren Sie sich. Sie dürfen an alles denken – nur nicht an einen grünen Pinguin. Sagen Sie sich laut: Ich darf nicht an einen grünen Pinguin denken! Strengen Sie sich an, das werden Sie doch gerade noch hinbekommen?!

Nun? Natürlich klappt das nicht. Unsere Gedanken führen mitunter ein Eigenleben und gerade der Versuch, sie zu unterdrücken, macht sie oft so richtig munter.

Übung „Gefühle nicht entstehen lassen“

Und wie steht es mit den Gefühlen? Blicken Sie auf das Bild unter diesem Absatz und zählen Sie die Beine der Spinne. Achten Sie darauf, dass keine Gefühle entstehen!

Haben Sie die Übung „Gefühle nicht entstehen lassen“ durchgeführt? Sie werden zugeben, so ganz ohne Gefühle ist es schwierig, eine derart fette Spinne zu betrachten. Das ist normal: Das Gehirn produziert unumgänglich Gefühle, wenn es mit bestimmten Signalen konfrontiert wird. Auf Spinnen oder Schlangen reagieren die meisten Menschen mit Angst und Ekel. Andere Reize sind sehr individuell: Menschen, die schlechte Erfahrungen mit Hunden gemacht haben und vielleicht sogar einmal gebissen wurden, reagieren ganz automatisch mit Angst oder Schrecken beim Anblick eines frei laufenden Hundes. Und Menschen, die in ihrer Kindheit gedemütigt wurden, fühlen sich manchmal auch bei berechtigter Kritik durch Vorgesetzte tief verletzt und herabgesetzt.

Den Kampf beenden

Bei dem Spinnenexperiment haben Sie gemerkt, dass Sie sich den Gedanken und Gefühlen, die ausgelöst werden, nicht völlig versperren können. Und das ist auch gut so: Es gehört zum Menschsein dazu, auf die Umwelt mit Gedanken und Gefühlen zu reagieren. Das bedeutet jedoch nicht, dass Sie Ihren hinderlichen Gedanken und altvertrauten unangenehmen Gefühlen hilflos ausgeliefert sind.

Allerdings gilt: Je stärker Sie dagegen ankämpfen, desto stärker werden die Gefühle. Haben Sie schon einmal versucht, einen voll aufgeblasenen Gummiball unter Wasser zu drücken? Genau. Das ist anstrengend – je tiefer man ihn drückt, desto stärker will er an die Oberfläche, und zwar mit Wucht! Wenn man ihn dagegen in Ruhe lässt, dümpelt er harmlos an der Oberfläche.

Lassen Sie also die Bemühung los! Nehmen Sie an, was Sie fühlen und wie Sie denken! Seien Sie bereit, sich Ihrem inneren Erleben zu stellen – so wie es ist – anstatt sich darüber hinwegzusetzen, es zu leugnen oder verändern zu wollen!

Übung „Monster mitnehmen“

Wir haben schon darüber gesprochen: Hinderliche Gedanken stehen einem häufig im Weg. Gerade wenn man versucht, neue Dinge auszuprobieren, machen sie sich im Kopf breit und versuchen einen zu überzeugen, alles beim Alten zu lassen.

Manchmal ist es hilfreich, diese hinderlichen Gedanken als „Kleine Monster“ zu beschreiben: Sie tauchen auf aus dem Dunkeln, machen ein mordsmäßiges Geschrei oder flüstern fast unverständliches Zeugs – auf alle Fälle verbreiten sie ziemlich schlechte Stimmung.

Statt gegen diese Monster zu kämpfen oder sich ihnen zu ergeben (das heißt, ihnen zu folgen), entscheiden Sie sich nun, die Monster mitzunehmen. Sprechen Sie eine freundliche Einladung aus: *„Hallo Monster, ich hab' dich zwar nicht herbeigewünscht, aber bevor ich meine Kraft einsetze, um einen aussichtslosen Kampf mit dir zu führen, und ich dadurch nicht vorankomme, lade ich dich ein, mich auf meinem Weg zu begleiten“.*

Eine solche Einladung bricht die Macht der Monster. Sie können Ihren neuen Weg jetzt nicht mehr blockieren oder bestimmen. Vielleicht haben Sie weiterhin einen unerwünschten Gedanken oder ein unangenehmes Gefühl. Das kann Sie aber nicht mehr aufhalten, das zu tun, was Sie eigentlich tun wollten.

Schreiben Sie Ihre typischen hinderlichen Gedanken und Gefühle auf kleine Kärtchen auf, das sind dann Ihre ganz persönlichen Monsterkärtchen. Stecken Sie sich diese Kärtchen in die Hand- oder Hosentasche und nehmen Sie sie mit. Wenn Sie in schwierige Situationen kommen, erinnern Sie sich: Sie haben die Monsterchen zwar dabei, lassen Sie aber nicht bestimmen, wie Sie sich verhalten sollen!

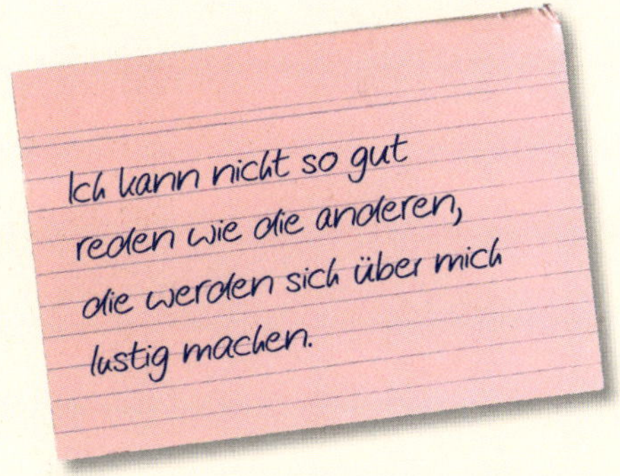

Annehmen als Lebensgewinn
Das innere Erleben anzunehmen, ist ein mutiger Schritt in eine neue Richtung. Es ist eine grundsätzliche Entscheidung, die das eigene Leben verändern kann, Ihnen zu mehr innerer Balance verhilft und Freiraum schafft. Das tut man nicht mal so eben nebenbei. Annehmen ist eine Fähigkeit, die man durch Übung, ständiges Wiederholen, durch Scheitern und Wieder-neu-Versuchen lernt. Wir möchten Sie ermutigen, sich auf dieses Abenteuer einzulassen und mit den Übungen dieser Wochen die ersten Schritte auf diesem Weg zu gehen.

Ein hilfreicher Schritt ist es auch, sich darüber klar zu werden, worüber Sie eigentlich Kontrolle haben können und worüber nicht. Machen Sie doch noch folgende Übung und überlegen Sie sich darin, über welche der aufgezählten Gegebenheiten Sie Kontrolle haben und warum.

Übung „Was ist kontrollierbar?"

Ich kann vollständig kontrollieren:	Begründung
Was andere Menschen von mir denken	Ja ☐ Nein ☐ weil:
Ob ich versuche, mich durchzusetzen	Ja ☐ Nein ☐ weil:
Dass ich Erfolg habe, mich durchzusetzen	Ja ☐ Nein ☐ weil:
Ob andere Menschen mich mögen	Ja ☐ Nein ☐ weil:
Wie nervös ich werde	Ja ☐ Nein ☐ weil:
Was für negative Gedanken über mich selbst auftauchen	Ja ☐ Nein ☐ weil:
Ob ich plötzlich Angst bekomme	Ja ☐ Nein ☐ weil:
Ob ich mein Bestes gebe	Ja ☐ Nein ☐ weil:
Ob ich erfolgreich sein werde	Ja ☐ Nein ☐ weil:
Ob mich jemand attraktiv findet	Ja ☐ Nein ☐ weil:
Ob ich mich attraktiv darstelle	Ja ☐ Nein ☐ weil:
Ob ich glücklich sein werde	Ja ☐ Nein ☐ weil:
Ob ich versuche, ein sinnerfülltes Leben zu führen	Ja ☐ Nein ☐ weil:
Ob ich mich schäme	Ja ☐ Nein ☐ weil:
Was ich tue, wenn ich mich schäme	Ja ☐ Nein ☐ weil:

Sie haben die Übung „Was ist kontrollierbar?“ gemacht? Prima. Vielleicht beginnen Sie die Regeln zu erahnen: Meistens können Sie Ihre Handlungen steuern und kontrollieren. Sie können jedoch das Ergebnis dieser Handlungen nicht immer kontrollieren und Sie können Ihre Gefühle und Gedanken nicht immer kontrollieren. Das ist so. Und das ist auch nicht weiter schlimm. Problematisch wird es, wenn Sie lieber nicht handeln, um Enttäuschungen zu vermeiden und unangenehme Gefühle.

Meistens können wir unsere Handlungen steuern und kontrollieren. Wir können jedoch das Ergebnis dieser Handlungen und auch unsere Gefühle und Gedanken nicht immer kontrollieren.

Ziel 2: Gelassenheit gegenüber Umständen trainieren, die man nicht ändern kann

In dem zweiten Ziel dieser Woche geht es darum, Gelassenheit zu trainieren gegenüber schwierigen und belastenden äußeren Umständen, die man nicht ändern kann.

Natürlich gibt es Situationen, auf die man keinen Einfluss hat. Sie sollten sich zunächst klar bemühen, die Probleme zu lösen – aber es gibt Autos, die den Geist aufgeben, es gibt Chefs, die inkompetent sind, und es gibt Firmen, die in Konkurs gehen. Und dann gibt es noch schlimmere Dinge wie Krankheiten etwa, die unheilbar sind, Unglücke und Verluste. Wie also geht man mit derartigen äußeren Umständen um, die man nicht kontrollieren kann?

Eine typische Reaktion ist oft Grübeln und Hadern. Man fühlt sich schlecht – denkt nach – sucht nach Lösungen – wälzt sich schlaflos hin und her – hat man irgendeine Lösung übersehen?

Mathias Berger

Nur wer wagt …
Die Probleme des Nicht-Handelns, das Enttäuschungen und unangenehme Gefühle vermeiden soll, lassen sich gut mit dem Fußballspiel einer übervorsichtigen Mannschaft verdeutlichen: Eine erfolgreiche Mannschaft greift bei jedem Ballgewinn erneut an, mit aller Kraft und aller Entschlossenheit. Sie weiß nicht, ob sie diesmal ein Tor schießen wird, aber sie weiß, dass sie keines schießen wird, wenn sie nicht diesen neuen Angriff mit aller Kraft führt. Und wie erfolgreich sind Fußballmannschaften, die den Ball nur zum Torwart zurückspielen – aus Angst davor, wieder enttäuscht zu werden? Sie haben weder Spielspaß noch gewinnen sie ein Spiel – sie haben ein dröges Fußballerleben.

Der Ausweg aus der Situation
Häufig bringt das Hadern und Grübeln nicht weiter. Die Situation ist, wie sie ist, sonst wäre sie anders. Und trotzdem sind Sie der Situation nicht hilflos ausgeliefert. Sie haben immer noch die Wahl, wie Sie damit umgehen. Ob Sie sich wirklich tagtäglich daran aufreiben oder einen neuen Umgang ausprobieren. Der Ausweg, den wir Ihnen aufzeigen, ist auf den ersten Blick sicherlich ungewöhnlich, trotzdem ist er erfolgreich und nachhaltig.

Sie können das Hadern und Grübeln beenden, ohne zu resignieren. Sie können die nicht lösbaren Umstände aktiv annehmen und einen inneren Frieden damit schließen. Das widerspricht Ihren Gewohnheiten. Wenn Sie sich trotzdem auf dieses Experiment einlassen, können Sie viel innere Freiheit wiedergewinnen. Versuchen Sie mal die unten stehende Übung durchzuführen.

Wie übt man eine annehmende Haltung ein?
Annehmende Haltung kann man nicht per Post bestellen und man kann den Schalter auch nicht einfach umlegen: Zu viele Jahre haben Sie damit verbracht, sich gegen unangenehme Gedanken und Gefühle zu wehren – es wird ein wenig dauern, bis Sie sich mit ihnen arrangiert haben und Sie werden kleine Schritte machen. Aber es gibt eine sehr hilfreiche Übung, Sie finden sie auf der rechten Seite.

Übung „Einem nicht lösbaren Problem begegnen“ CD

Suchen Sie sich ein unangenehmes Problem, das Sie nicht lösen können. Es wird Ihnen gewiss eines einfallen. Nun geht es darum, diesem nicht lösbaren Problem ins Gesicht zu sehen, anstatt ihm auszuweichen. Setzen Sie sich aufrecht hin, vielleicht öffnen Sie die Hände. Schließen Sie die Augen und betrachten Sie dieses nicht lösbare Problem. Beobachten Sie, welche Gedanken und Gefühle auftauchen. Versuchen Sie nicht zu urteilen. Nehmen Sie diese nur achtsam wahr. So, als ob Sie sie jemandem beschreiben wollten. Sagen Sie sich innerlich: *„Ja, so ist es. Das gehört zu meinem Leben dazu. Ich muss mich nicht immer wieder darüber aufregen.“*

Manchmal erzeugen Probleme auch Körpergefühle: Das Problem „sitzt“ dann irgendwo. Suchen Sie diese Stelle, spüren Sie in sich hinein. Und jetzt schicken Sie Ihren Atem in diese Stelle hinein. Lassen Sie alle Widerstände oder Wertungen los. Sie brauchen die nicht lösbaren Probleme nicht zu mögen. Sie erkennen nur gelassen an, dass es ist, wie es ist. Vielleicht gelingt es Ihnen sogar, dieses akzeptierende Anerkennen mit einem leichten Lächeln zu begleiten. Bleiben Sie ein paar Minuten bei diesem inneren Prozess.

Übung „Annehmen nicht lösbarer Situationen“

Um eine annehmende Haltung einzunehmen, hilft es manchen Menschen, schwarz auf weiß vor sich zu sehen, worum es geht. Versuchen Sie es doch einmal und schreiben Sie sich auf, was Sie aktiv annehmen möchten. Nehmen Sie sich ein Blatt Papier und zeichnen Sie sich darauf drei Spalten. Notieren Sie in der linken Spalte die unangenehme Situation, über die Sie keine Kontrolle haben, und schreiben Sie in die rechte Spalte, wie Sie diese annehmen möchten. In Seminaren sind uns bei dieser Aufgabe folgende Notizen begegnet:

Meine Firma ist vom Konkurs bedroht.		Das ist so und gehört zu meinem Leben dazu.
Meine Mutter ist schwer krank.		Das ist so und gehört zu meinem Leben dazu.
Mein Sohn hat eine geistige Behinderung.		Das ist so und gehört zu meinem Leben dazu.

Lesen Sie sich nun bitte laut vor, was Sie sich in die beiden Spalten eingetragen haben, und spüren Sie allen gesprochenen Sätzen nach.

Und nun werden Sie bemerken, dass sich hier einiges in Ihnen wehrt: *„Das darf doch nicht wahr sein – warum ich – warum muss das mir passieren – das ist ungerecht.“* Wahrscheinlich haben Sie recht. Wahrscheinlich ist das ungerecht. Aber es ist, wie es ist. Das heißt nicht, dass Sie nicht sinnvoll damit umgehen sollten: Man kann ein sehr erfülltes Leben führen als Mutter eines behinderten Kindes. Und auch die Pflege einer kranken Mutter birgt sehr viele Chancen für intensive Begegnungen. Die Voraussetzung aber ist immer, dass Sie die Tatsachen zunächst annehmen. Und zwar radikal annehmen, mit allen Gefühlen, die damit einhergehen. Natürlich haben Sie Sorgen, wenn Ihre Firma in Konkurs geht. Und natürlich haben Sie Angst um Ihre Mutter, wenn sie schwer erkrankt ist. Tragen Sie diese Gefühle in die zweite, noch leere Spalte ein.

Situation	Gefühl	Annehmende Haltung
Meine Firma ist vom Konkurs bedroht.	Und deshalb habe ich große Sorgen.	Das ist so und gehört zu meinem Leben dazu.
Meine Mutter ist schwer krank.	Und deshalb fühle ich mich manchmal ohnmächtig.	Das ist so und gehört zu meinem Leben dazu.
Mein Sohn hat eine geistige Behinderung.	Und deshalb fühle ich manchmal eine so schmerzhafte Sehnsucht zu ihm.	Das ist so und gehört zu meinem Leben dazu.

Beobachten Sie, wie unangenehm die Gedanken an nicht lösbare Situationen sind. Wie stark versuchen Sie, nicht daran zu denken? Aber mal ehrlich – wie oft mussten Sie schon an diese Situation denken, ohne dass Sie es wollten?

Und nun versuchen Sie, eine neue, annehmende Haltung zu gewinnen: Setzen Sie sich aufrecht hin, vielleicht öffnen Sie die Hände. Schließen Sie die Augen und lassen Sie diese Szene noch einmal lebendig werden. Beobachten Sie, welche Gedanken und Gefühle auftauchen. Versuchen Sie nicht zu urteilen. Nehmen Sie diese nur achtsam wahr. So, als ob Sie sie jemandem beschreiben wollten. Sagen Sie sich innerlich: *„Ja, so denke ich das“* und *„Ja, so fühle ich das“*.

Atmen Sie in dieses Gefühl hinein. Lassen Sie alle Widerstände oder Wertungen los. Sie brauchen diese Gedanken und Gefühle nicht zu mögen, Sie erkennen nur wohlwollend an, dass es ist, wie es ist. Vielleicht gelingt es Ihnen sogar, dieses wohlwollende Anerkennen mit einem leichten Lächeln zu begleiten. Bleiben Sie ein paar Minuten bei diesem inneren Prozess.

Balance-Übungen für die Woche 6

1. Die Achtsamkeit trainieren

CD Bitte trainieren Sie diese Woche wieder täglich Ihre Achtsamkeit. Wenn Sie das tägliche Üben nicht schaffen, so üben Sie bitte so häufig, wie es geht. Diese Woche steht die Übung „Einem nicht lösbaren Problem begegnen“ auf dem Programm, Sie kennen sie schon von Seite 110. Planen Sie auch diesmal für die Woche, wann und wo Sie üben werden, und haken Sie erledigtes Üben in Ihrem Kalender ab.

2. Lebensverbesserungsaufgabe

Die meisten Menschen erleben täglich mehrmals unwillkommene Gedanken oder Gefühle. Schieben Sie diese nun einmal pro Tag nicht schnell beiseite, sondern nehmen Sie sie bewusst wahr, ohne auf sie zu reagieren. Versuchen Sie, diese Gedanken und Gefühle mit einem tiefen Atemzug einzuatmen, ihnen Raum zu geben und dabei leise zu denken: *„Ja, so ist das“*. Nehmen Sie sich jeden Abend kurz Zeit und sammeln Sie diese Situationen in der Tabelle rechts. Vielleicht möchten Sie sich auch Notizen zu dieser neuen Erfahrung machen.

	Situation	Gefühl/Gedanke	Notizen
Montag			
Dienstag			
Mittwoch			
Donnerstag			
Freitag			
Samstag			
Sonntag			

Wir haben die Wahl ...

Immer wenn wir im Leben mit schwierigen Dingen, Gedanken oder Gefühlen konfrontiert werden, können wir die Situation und das, was wir empfinden, als Zumutung betrachten, als etwas, was wir nicht gewollt haben und gegen das wir mit allen Mitteln ankämpfen werden oder vor dem wir resignieren.

Wir können aber auch eine andere Haltung einnehmen und das Auftauchen von Schwierigkeiten als gute Gelegenheit sehen, ein Stück Demut vor der Welt zu empfinden und dabei unsere Gelassenheit zu trainieren und unsere annehmende Haltung zu verbessern.

Der unangenehmste Mensch, der mir heute über den Weg läuft, ist mir als Trainingspartner auf dem Weg zur annehmenden Haltung willkommen.

... Sie müssen ihm das ja nicht unbedingt erzählen ...

Woche 7

Soziale Netze ...

Ihr soziales Netzwerk ist ein ganz wesentlicher Bestandteil Ihrer inneren Balance und Stärke. In dieser Woche geht es darum, dieses Netzwerk näher zu betrachten. Nach dem Blick auf Ihre sozialen Beziehungen wird es praktisch werden. Erste Schritte stehen an, dieses Netzwerk noch optimaler zu gestalten

... und Kommunikation

Eine gute Freundschaft ist zu pflügen, zu pflegen und zu pflücken.
Tomi Ungerer (* 1931)

Ziele dieser Woche

Zunächst machen Sie eine Bestandsaufnahme und erkunden, wie es um Ihre soziale Einbindung bestellt ist. „Ist mein soziales Netz in Balance?", darauf finden Sie in dieser Woche Antwort. Anschließend gibt es Wissenswertes dazu, wie man wirkungsvoller kommunizieren kann. Eine positive Grundstimmung und offenes und klares Sprechen sind wichtig, die Art des Zuhörens und der Kritikäußerung ebenfalls. Sie sehen, es wird eine kommunikative Woche werden mit spannenden Erkenntnissen rund um zwischenmenschliche Beziehungen.

Die Bedeutung sozialer Beziehungen

Einer von uns Autoren ist Professor für Psychosomatische Medizin an der Universität Heidelberg. Jedes Jahr begrüßt er dort die Erstsemester, was immer ein wenig aufregend ist, denn nichts merken sich die jungen Medizinstudenten so gut wie diese Vorlesung.

Und weil sich diese erste Vorlesung so einprägt, ist sie eine hervorragende Gelegenheit, um den zukünftigen Ärztinnen und Ärzten zu vermitteln, wie wichtig psychische und soziale Lebensumstände sind und was sie für die Gesundheit ihrer zukünftigen Patienten bedeuten. Die meisten Abiturienten haben schon einiges über medizinische Risikofaktoren für Erkrankungen und Lebenserwartung gehört, deshalb geht folgende Frage an sie: *„Was meinen Sie: Welcher der folgenden Umstände trägt am meisten dazu bei, die Lebenserwartungen Ihrer zukünftigen Patienten zu erhöhen?“* Acht Lösungsmöglichkeiten werden vorgeschlagen – raten Sie doch auch mit, welches die richtige Antwort ist:

- Aufhören mit Rauchen (bei chronischer Herzerkrankung)?
- Alkoholabstinenz (nach Alkoholsucht)?
- Impfung gegen schwere Lungenentzündung?
- Kardiologisches Reha-Sportprogramm (bei chronischer Herzerkrankung)?
- Verbesserung der sozialen Beziehungen?
- Körperliches Training?
- Gewichtsreduktion bei Übergewicht?
- Reduktion des Blutdrucks?

Das Ergebnis überrascht immer. Oder hätten Sie darauf getippt, dass die Verbesserung der sozialen Beziehungen die wirkungsvollste Maßnahme für ein längeres Leben ist? Aber die Antwort stimmt: Eine groß angelegte Analyse von über 140 Studien an insgesamt 300 000 Patienten hat dies eindrucksvoll belegt. Und wohlgemerkt, es handelt sich hier um den Einfluss von sozialen Beziehungen auf körperliche Erkrankungen – psychische Störungen sind hier noch nicht berücksichtigt!

Es gibt also gute Gründe, sich um die Verbesserung seiner sozialen Beziehungen zu kümmern. Menschen brauchen andere Menschen wie Wasser und Brot. Auch dies ist aus der Entwicklung der Menschheit erklärbar, wie so einiges, was Sie in den letzten Wochen in diesem Buch erfahren haben.

Ein Blick auf die Frühgeschichte

Man kann es sich kaum mehr vorstellen, in der überfüllten Welt der heutigen Zeit: doch bei den frühgeschichtlichen Vorfahren war es so, dass diese in ihrer rauen, meist menschenleeren und oft feindlichen Umgebung nur mit Unterstützung ihrer Artgenossen überleben, sich durchsetzen und weiterentwickeln konnten. Wir Menschen wurden nur so erfolgreich, weil wir als Gruppen zusammen funktionieren. Nur in der Nähe der Gruppe fühlen wir uns sicher und geborgen. Aus der Gruppe ausgestoßen zu werden aber war eine tödliche Bedrohung. Niemand konnte alleine bestehen, nicht einmal fortpflanzen konnte er sich. Dieses Bedürfnis nach sozialer Zugehörigkeit und Unterstützung, die Sehnsucht nach Anerkennung und Nähe, wurzelt auch heute noch tief in uns Menschen – und auch die Angst und die Unruhe, wenn man befürchtet, wichtige Sozialkontakte zu verlieren.

Ein Leben ohne Freunde ist wie eine weite Reise ohne Gasthaus.

Demokrit (lebte um 400 v. Chr.)

Mehr Gesundheit und Lebensfreude
Natürlich ist es heute theoretisch möglich, alleine, also ohne Kontakt zur Außenwelt physisch zu überleben. Die Entwicklung des Internets hat das sogar noch erleichtert. Doch die allermeisten Menschen werden so langfristig weder zufrieden noch erfüllt sein (von einigen wenigen Ausnahmen wie Einsiedlern mal abgesehen – und die haben einen intensiven Kontakt zu ihrem Gott).

In abertausenden psychologischen Studien wurde gezeigt, dass Menschen mit einem funktionierenden sozialen Netz nicht nur zufriedener sind und mehr Freude am Leben haben: Sie trauen sich auch mehr zu, betrachten Dinge eher als Herausforderung denn als Belastung, überstehen Krisenzeiten besser und leiden seltener unter Ängsten, Burnout oder Depressionen.

Soziale Unterstützung

Eine der ersten systematischen Studien zur sozialen Unterstützung schaffte es 1979 in die Schlagzeilen: Verheiratete Männer leben länger und gesünder. Heute weiß man, dass Heiraten allein nur ein Anfang ist. Erst das Gefühl, nicht allein zu sein und bei der Ehefrau im Zweifelsfall ein offenes Ohr zu finden, bringt den Unterschied.

Es ist also nicht allein die Anzahl der sozialen Beziehungen entscheidend: Es geht darum, das eigene soziale Netz bewusst wahrzunehmen, seine Freunde, Bekannten und Familie wertzuschätzen und sich als Teil einer sozialen Gruppe zu fühlen. Das stärkt nicht nur die Gesundheit: In der Gruppe gelingt es auch viel leichter, Änderungen im eigenen Leben umzusetzen.

In einer Studie zur Raucherentwöhnung waren diejenigen am erfolgreichsten, die als Gruppe mit dem Rauchen aufhörten. Noch erfolgreicher waren die Teilnehmer, als man einen Wettbewerb veranstaltete, in welcher Gruppe mehr Personen dauerhaft die Finger vom Nikotin lassen konnten: Wir lieben es einfach, uns in kleinen Teams mit anderen zu messen …

Übung „Mein soziales Netzwerk“

Ihr soziales Netzwerk ist also ein ganz wesentlicher Bestandteil Ihrer inneren Balance und Stärke. Nehmen Sie sich in dieser Woche Zeit, dieses Netzwerk näher zu betrachten, die folgende Übung hilft Ihnen dabei.

Rechts finden Sie eine Vorlage mit Feldern, die für die Lebensbereiche Familie und Partnerschaft, Freundschaften, Beruf und Andere (Nachbarn, Vereinskollegen etc.) stehen.

1. In das mittlere Feld schreiben Sie groß Ihren Namen – dieses Mal sollen Sie ungestört im Mittelpunkt stehen! In die vier anderen Felder notieren Sie die Namen derjenigen Menschen, die für Sie in den jeweiligen Lebensbereichen eine wichtige Rolle spielen. Ihr Vorgesetzter steht dann beispielsweise im Feld „Beruf“, vorausgesetzt, dass er Ihnen hier bedeutsam erscheint. Im Feld „Partnerschaft“ hat er nichts zu suchen – meistens jedenfalls.
2. Als Nächstes zeichnen Sie Kreise um die Namen. Zeichnen Sie die Kreise größer oder kleiner, je nachdem, wie wichtig Ihnen die Personen sind: große Kreis um wichtige Personen.
3. Verbinden Sie nun die Kreise mit Ihrem Namen und nutzen Sie verschiedenartige Linien dabei: Gerade Linien erhalten die Personen, mit denen Sie eine positive Beziehung haben. Für die schwierigen Beziehungen sollten Sie wellenförmige Linien zeichnen. Je schwieriger die Beziehung, desto welliger sollte die Linie werden.
4. Nun spielen Sie mit der Stärke der Linien: Je häufiger die Kontakte sind, desto dicker zeichnen Sie die Linien, je seltener Sie Kontakt haben, desto dünner. Vielleicht gibt es Menschen, die Ihnen wichtig sind, zu denen der Kontakt jedoch (fast) abgebrochen oder eingeschlafen ist. Die Verbindung zu diesen Menschen können Sie als gestrichelte Linie darstellen.

Ausfüllhilfen

Beispiele, wie die ausgefüllten Felder dieser Übung aussehen können, finden Sie ab Seite 120.

Beruf	Familie und Partnerschaft
Name:	
Freunde	Nachbarn, Vereinskollegen etc.

Die Risiken unausgewogener Netzwerke

Rechts sehen Sie ein ausgefülltes Schaubild, das für ein unausgewogenes soziales Netzwerk steht. Ein erster prüfender Blick und es fällt sofort eines auf: Das Feld Beruf ist als einziges wirklich gut ausgefüllt. Es gibt Menschen, deren Kontakte sich gleichmäßig auf alle vier Felder verteilen, und es gibt Menschen – wie in diesem Fall Sabine –, deren Kontakte sich in einem einzigen Bereich verdichten.

Sabines Schaubild steht für ein ziemlich eingeschränktes soziales Umfeld: Die wichtigsten Kontakte konzentrieren sich auf den Beruf. Davon bereiten ihr zwei Kollegen offensichtlich reichlich Stress – sie sind mit welligen Linien mit Sabine verbunden.

Im privaten Bereich ist der Kontakt zu den Eltern, die ihr eigentlich wichtig wären (großer Kreis) nur sehr gering. Dafür scheint ihr ein Fritz, der ihr gar nicht so viel bedeutet (kleiner Kreis), jede Menge Ärger zu bereiten.

Marianne scheint eine gute Freundin von Sabine zu sein, der Kontakt ist jedoch eingeschlafen. Auch in der Nachbarschaft scheint Sabine nicht sehr integriert: Es gibt einen Rudi beziehungsweise besser gesagt, es gab ihn irgendwann mal.

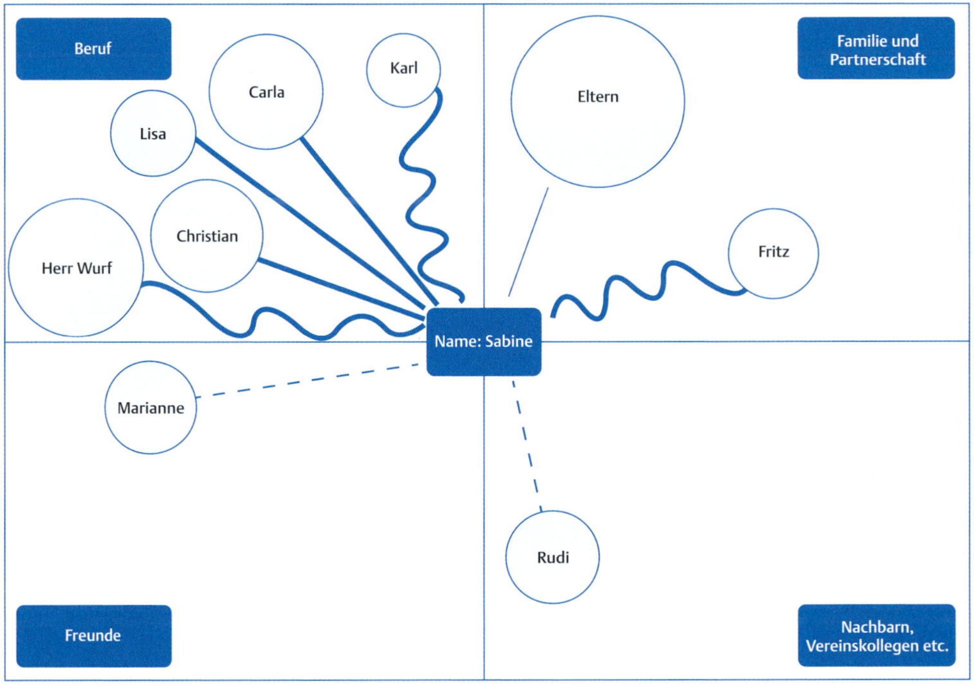

Als Resümee bleibt zu ziehen: Das soziale Leben von Sabine scheint sich fast ausschließlich im Bereich der Arbeit abzuspielen. Wahrscheinlich wird ihr das im Augenblick gar keine Probleme bereiten, sie hat ja jede Menge zu tun …
Aber was wird geschehen, wenn die Firma in Konkurs gehen sollte? Oder wenn Sabine aus irgendeinem Grund nicht mehr leistungsfähig ist oder krank wird? Weniger dramatisch, aber ebenso möglich – was passiert, wenn man Sabine in eine andere Abteilung versetzt?

Die Meinung der Wissenschaft
Vielleicht geht Sabine selbst davon aus, dass es „reicht", sich auf einen sozialen Bereich zu konzentrieren. Tatsächlich stände sie mit einer solchen Meinung nicht alleine da, viele Menschen denken so.

Wissenschaftliche Studien wissen es natürlich wieder mal besser: Es hat sich gezeigt, dass es günstiger ist, ein breiteres Netz zu spannen, als nur einen Bereich abzudecken. Ein Netz mit vielen Maschen, ein Netz, das aus Nachbarn, Vereinskollegen und Arbeitskollegen besteht, aus Freunden und nicht zuletzt aus der Familie, das ist das, was die Wissenschaft empfiehlt.

Ein solches Netz schützt Sie in Krisenzeiten davor, den Halt zu verlieren. Wenn eines der Standbeine wegfällt – weil beispielsweise Ihr Arbeitsplatz gefährdet ist, weil Sie umziehen oder einen guten Freund oder sogar den Partner verlieren –, dann haben Sie Menschen um sich, die Sie auffangen können.

Natürlich ist es nicht immer möglich, alle vier Felder auszufüllen – vielleicht sind Sie nicht berufstätig oder Sie haben keine Familie. Erfahrene Therapeuten und Coaches ermuntern deshalb ihre Klienten, möglichst drei von vier sozialen Feldern gut mit ausreichenden Sozialkontakten zu besetzen. Überlegen Sie also: Ist Ihr soziales Netz ausbalanciert oder gibt es Felder, die Sie bisher vernachlässigt haben?

Das Problem mangelhafter Pflege von Freundschaften

Eine breitere Verteilung der Kontakte über verschiedene Bereiche ist wichtig, allerdings ist es damit noch nicht getan. Man sollte diese Beziehungen auch pflegen – oder es ergeht einem wie Franz, dessen soziales Netzwerk in dem Schaubild rechts dargestellt ist.

Franz scheint ein beliebter Nachbar zu sein oder ein Mitglied in einem Verein. Er verbringt jedenfalls sehr viel Zeit und viel Energie mit den Herren Kurz, Lang, Huber, Müller und Fritz. Vielleicht fährt er mit ihnen Fahrrad oder sitzt gerne am Stammtisch mit ihnen. Daran ist nun prinzipiell auch nichts verkehrt.

Wenn man Franz jedoch fragen würde, wer seine „wirklich wichtigen" Freunde sind, so käme er wohl kaum auf die Idee, die besagten Herren zu nennen. Nein, es sind Pepe, Hansi und Udo, die ihm einfallen, denn die haben in seiner Darstellung große Kreise. Und vermutlich ist er überzeugt, dass er sich auf diese drei hundertprozentig verlassen kann, auch wenn er sie schon seit Jahren nicht mehr gesehen hat. Das klingt irgendwie gut und ein wenig heldenhaft. Franz sollte aber dringend darüber nachdenken, ob er nicht seine Freunde regelmäßig kontaktieren sollte, denn letztendlich ist dies entscheidend dafür, ob Freunde auch Freunde bleiben.

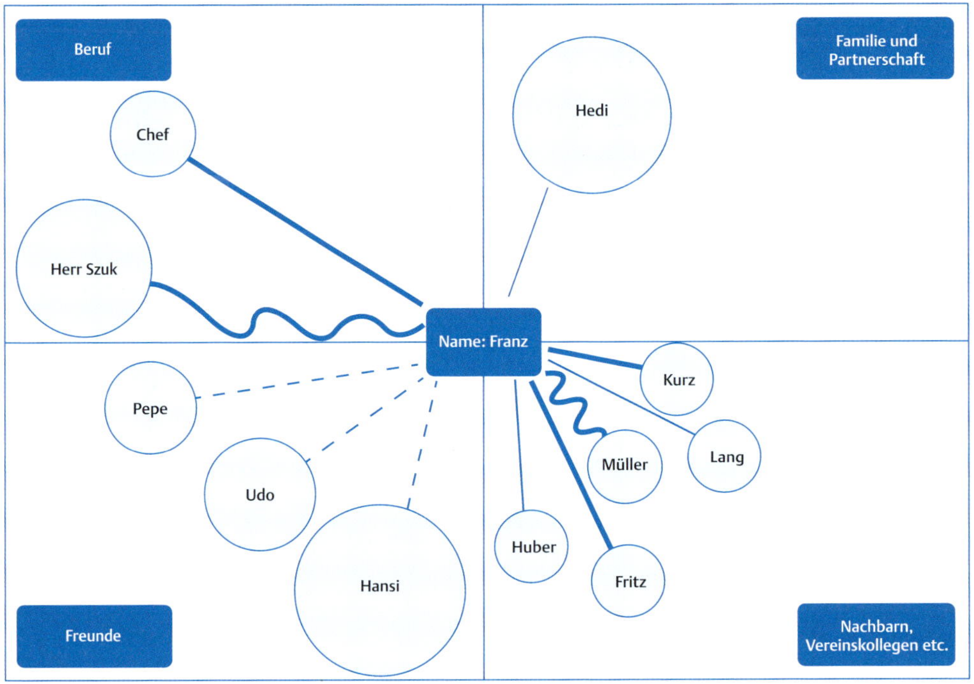

Der Freundschafts-Mythos und die Realität
Es ranken sich viele Mythen um „echte Freundschaft“. Sie kennen doch solche Sätze wie *„Die wahren Freunde kommen, wenn der Rest der Welt geht“*? Oder *„Die Liebe ist für den Augenblick, die Freundschaft für die Ewigkeit“*? Die meisten Menschen hoffen oder erwarten bedingungslose und spontane Unterstützung von ihren Freunden im Falle einer Krise oder eines Unglücks – leider klappt das nur selten.

In Seminaren, die wir durchführen, berichten Teilnehmer immer wieder über herbe Enttäuschungen: Als es ihnen wirklich schlecht ging, stellte sich heraus, dass die Freunde, auf die sie so sicher gebaut hatten, ihr eigenes Leben führten und in ihre eigenen Interessen eingebunden waren. In Notfällen gab es kaum mehr als ein bedauerndes Telefonat. *„Das waren keine echten Freunde“* lautete die Schlussfolgerung. Denn „echte Freunde“ kümmern sich um einen in der Not – selbst wenn man sich über die Jahre kaum gesehen hat.

Diese Einstellung, so verbreitet sie ist, gehört leider in den Bereich der Mythen: *„Die meisten Freundschaften zerbrechen nicht, sondern sie verwelken“*, und das heißt, man muss sie gießen und pflegen – wie man auch Partnerschaften pflegen muss, damit sie gedeihen und tragfähig bleiben.

Beim Blick auf das soziale Netzwerk von Franz wird schnell deutlich, was wir ihm raten würden, wäre er uns persönlich bekannt und verbunden: *„Plane doch mehr Zeit für die Freunde Hansi, Udo und Pepe ein! Notfalls auf Kosten der vielen Kontakte mit Herrn Kurz und Fritz. Und vielleicht solltest du versuchen, ein paar Probleme mit Herrn Szuk zu klären, er scheint ja von Bedeutung für dich zu sein …“*

Und nun geht es um Sie und Ihre Beziehungen und Kontakte. Was können Sie aus den Darstellungen zu Sabine und Franz lernen? Welche Strategie ist die Ihre, um Ihr soziales Netzwerk reichhaltiger und tragfähiger zu machen?

Der Schritt-für-Schritt-Veränderungsplan

Erinnern Sie sich an Woche 5 „Etwas ändern, wenn es zu ändern ist“? Die Schritte, die Sie in dieser Woche kennengelernt haben (es ging darum, Ihre Werte stärker in Ihr Leben zu integrieren), können Sie ebenfalls nutzen, um Ihr soziales Netzwerk zu verbessern oder zu flicken. Diese Schritte eignen sich zur Umsetzung jeder geplanten Veränderung. Ab Seite 26 im Arbeitsheft finden Sie einen Veränderungsplan, in den Sie Ihre Überlegungen eintragen können.

S. 26

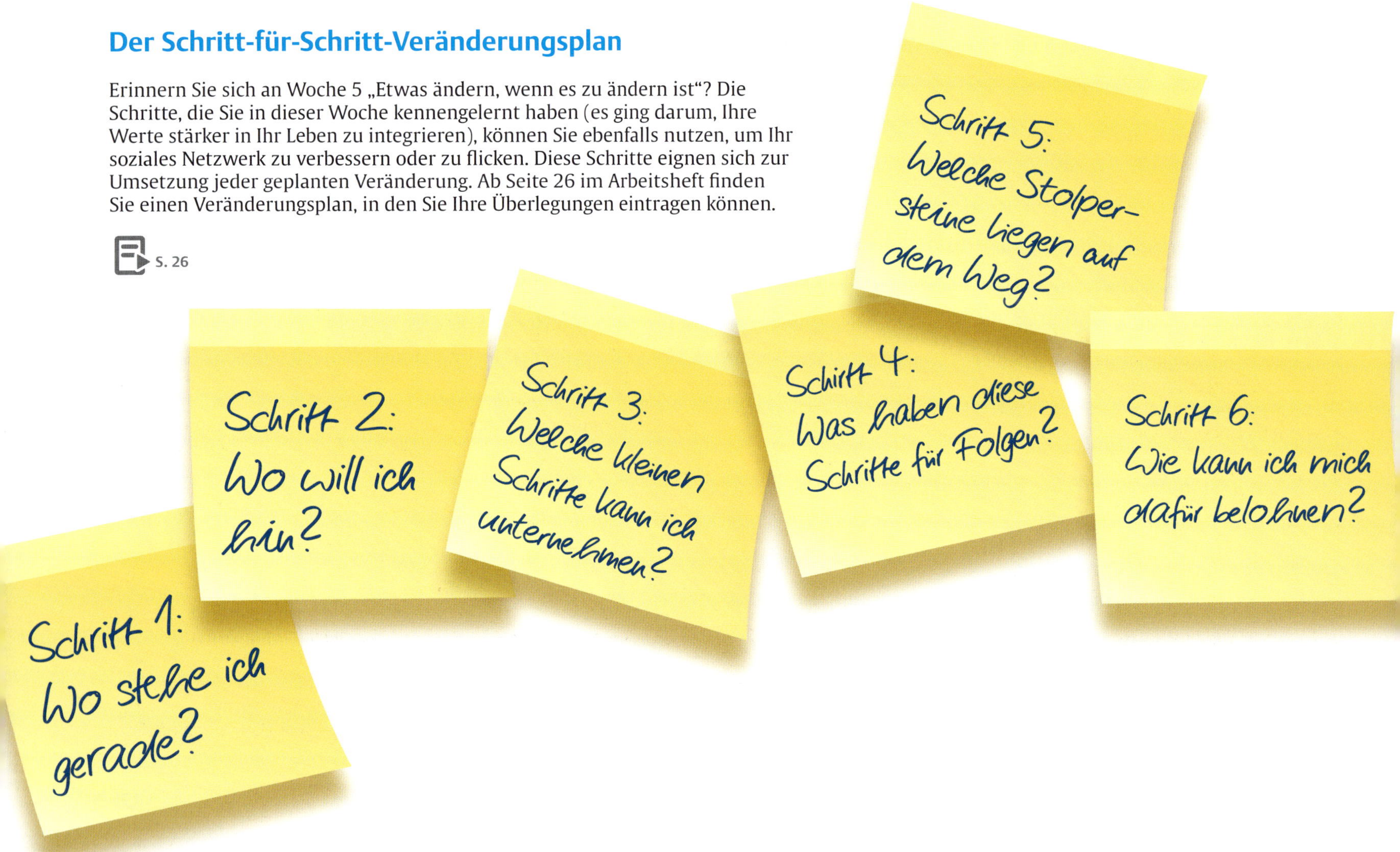

Schritt 1 bis 4
Mit den Schritten 1 bis 4 könnten Sie eigentlich jetzt gleich beginnen, vorausgesetzt Sie haben die Übung „Mein soziales Netzwerk“ auf Seite 118 gemacht. Überlegen Sie für

* Schritt 1: In welchen Bereichen bin ich mit meinem sozialen Netzwerk zufrieden und an welchen Stellen möchte ich es gerne ausbauen oder verändern?
* Schritt 2: Was genau will ich erreichen? In welchem Bereich möchte ich neue Beziehungen knüpfen? Welche Beziehungen will ich aktiver pflegen oder ausbauen? Welche Beziehungen will ich anders gestalten?
* Schritt 3: Mit welchen kleinen Schritten kann ich diese Ziele erreichen? – Sie erinnern sich? Die kleinen Schritte sollten möglichst konkret und erreichbar sein. Sie sollten in aktiven Handlungen formuliert werden.
* Schritt 4: Welche Konsequenzen haben diese Schritte? Hier ging es darum, abzuschätzen, wie Ihre Umgebung auf Ihre Veränderungen reagieren wird und mit wem Sie sich verständigen sollten. Wenn Sie mehr Zeit für Ihre Familie einplanen, könnte es wichtig sein, im Betrieb Bescheid zu sagen. Oder Sie sollten umgekehrt die Familie informieren, wenn Sie vorhaben, mehr Energie in die Karriere zu stecken, und damit auch Überstunden verbunden sind.

Zeit nehmen heißt: Zeit wegnehmen

Gehen Sie ruhig davon aus, dass Sie eigentlich „sozial ausgebucht“ sind. Immer wenn Sie in einem Feld die Beziehungen verstärken wollen, müssen Sie anderen Menschen etwas Zeit und Beziehung entziehen. Sie sollten diese darauf vorbereiten. Wie können Sie sich Zeit frei räumen? Mit wem müssen Sie sprechen, um Ihre geplanten Veränderungen mitzuteilen und Enttäuschungen vorzubeugen?

Und noch ein Tipp so nebenbei: Kennen Sie schon das Prinzip des „rotierenden Ungenügens“? Eigentlich ein Schummel-Prinzip für die chronisch Überlasteten unter Ihnen: Wenn Sie chronisch überfordert sind und es partout nicht schaffen, Ihre Interessen alle unter einen Hut zu bringen, so sollten Sie dafür sorgen, dass Sie Ihre Umgebung jeweils nicht allzu lange und allzu heftig enttäuschen.

Gehen Sie also davon aus, dass Sie nie genügend Zeit für alle haben, aber sorgen Sie dafür, dass Sie Ihr Ungenügen „rotieren“. Soll heißen: Wenn Sie eine Zeit lang sehr viel Energie in die Arbeit gesteckt haben und Ihre Freunde darunter gelitten haben, die Familie aber genügend bekommen hat, so sollten Sie nun die Energie aus Ihrer Arbeit abziehen und Ihren Freunden widmen. Darunter wird die Arbeit etwas leiden, aber Sie können nach geraumer Zeit etwas Energie aus der Familie abziehen und diese in die Arbeit stecken, bis Sie wieder Zeit von Ihren Freunden abziehen können. Also, auf einen Punkt gebracht: Irgendjemand ist immer unzufrieden – sorgen Sie nur dafür, dass es nicht zu lange dieselben sind. Wie gesagt, das ist nur ein Schummel-Plan, hat sich aber schon häufiger als hilfreich erwiesen.

Hindernisse klären

Mit Sicherheit gibt es Gründe, die Sie bisher daran gehindert haben, Ihr soziales Netz zu erweitern oder in die Richtung zu verändern, die Sie sich wünschen. Gehen Sie vorsichtshalber davon aus, dass diese Gründe weiter bestehen werden.

Gehen Sie vorsichtshalber außerdem davon aus, dass Ihre soziale Umgebung von Ihnen erwartet, dass alles so bleibt wie es ist. Nicht nur Individuen haben die Tendenz, Gewohnheiten fortzusetzen, sondern auch Gruppen und ganze Systeme: *„Das haben wir schon immer so gemacht“* ist ein starkes Argument. Wenn Sie etwas ändern wollen in Ihrem Leben, so sollten Sie auch die Anderen darauf vorbereiten!

Der Knackpunkt „Umsetzung“

Ein Entschluss ist zwar eine notwendige Voraussetzung, um etwas zu ändern. Aber in aller Regel ist er nicht ausreichend, um dies auch umzusetzen!

Schritt 5 – die Stolpersteine

S. 30

Soziale Kommunikation

Mit sozialer Kommunikation ist die Art und Weise gemeint, wie Sie mit anderen reden und umgehen.

Auf dem Weg zu einem besseren sozialen Netzwerk werden Ihnen Stolpersteine begegnen.

Überlegen Sie deshalb für Schritt 5, welche Stolpersteine das sein könnten. Die meisten Stolpersteine lassen sich grob in drei Kategorien einteilen: a) äußere Umstände, b) eigene Gedanken und Gefühle und c) soziale Kommunikation.

Und jetzt überlegen Sie, wie Sie mit diesen zu erwartenden Stolpersteinen – also den Hindernissen in der Umsetzung Ihrer Pläne – umgehen wollen. Dafür möchten wir Ihnen gerne im Folgenden ein paar Tipps geben.

Schritt 6 und die Belohnung

Weil es nicht einfach ist, sich zu verändern, Ziele umzusetzen und Hindernisse zu überwinden, gilt es auch dieses Mal wieder: Überlegen Sie sich Belohnungen für sich selbst. Machen Sie sie schriftlich und tragen Sie sie in Ihren Verhaltensänderungsplan im Arbeitsheft auf Seite 30 ein.

Wie gehe ich mit äußeren Stolpersteinen um?

Äußere Stolpersteine lassen sich oft durch Organisation aus dem Weg räumen. Der Stolperstein-Klassiker in Sachen äußere Umstände ist der Mangel an Zeit – ein Tag hat nur 24 Stunden, auch für Sie. Also müssen Sie im Fall des Falles etwas Zeit frei räumen.

Unangenehme Dinge – wie etwa Beziehungsklärungen – werden sehr gerne vertagt! Also bräuchten Sie dafür einen ganz besonders klaren Zeitplan. Aber auch ganz normale Treffen mit Freundinnen, Nachbarn oder Arbeitskollegen werden häufig verschoben. Leider nimmt man soziale Beziehungen als zu gegeben hin. Vieles andere erscheint dann wichtiger und dringlicher zu sein: *„Ich bin abends einfach nur froh, meine Ruhe zu haben,* *und will nicht mehr reden*“ oder „*Ich hätte mich am Samstag gerne mit einer Freundin zum Kaffee verabredet, musste aber putzen*“ – in diese Richtung gehen die Begründungen. In Wirklichkeit ist jedoch jede Beziehung wie eine Pflanze: Sie braucht regelmäßige Pflege, um wachsen, gedeihen und blühen zu können.

Machen Sie sich also immer wieder bewusst, dass Beziehungspflege nicht nur Genuss, Luxus und Freizeit ist – selbst wenn es im besten Fall Spaß macht. Beziehungen sind ein ganz zentraler Bestandteil für Ihre innere Balance und eine wichtige Ressource besonders für schlechte Zeiten. Wenn Sie Ihre Beziehungen in guten Zeiten gepflegt haben, können Sie in weniger guten Zeiten darauf zurückgreifen und die Stürme des Lebens mit Unterstützung Ihrer Bekannten, Angehörigen und Freunde besser überstehen.

Wie gehe ich mit Gedanken und Gefühlen um?

Bei der Arbeit mit Ihren persönlichen Werten haben Sie es wahrscheinlich schon am eigenen Leib erfahren: Manchmal stehen einem die Gedanken und Gefühle ziemlich im Weg. In sozialen Beziehungen passiert das besonders gerne, wenn Sie schüchtern sind oder Angst haben, abgelehnt oder ausgelacht zu werden.

Ist es für Sie nicht einfach, neue Kontakte zu Menschen zu knüpfen, sich von anderen abzugrenzen oder die eigenen Interessen durchzusetzen? Kennen Sie Gedanken wie „*Die halten mich sicher für blöd oder langweilig oder aufdringlich*“ oder „*Ich werde mich fürchterlich blamieren, also lass ich es lieber …*“? Und kennen Sie dieses Gefühl der Angst vor Zurückweisung? Oder haben Sie sich schon mal geärgert, weil Sie zu etwas „*Ja*“ gesagt haben, obwohl dieses „*Ja*“ für Sie selbst mehr als unvernünftig war? Und wie oft haben Sie schon Überstunden gemacht, weil es Ihnen unangenehm war, auf Ihre Rechte zu pochen? Falls Sie einiges kennen, ist es Zeit, daran zu arbeiten.

Natürlich kann es durchaus sinnvoll sein, anderen eine Freude zu machen oder Kompromisse zu schließen. Manchmal jedoch bringen einen die Gedanken und Gefühle dazu, die eigenen Interessen zu weit zurückzustellen, um die Ansprüche oder Erwartungen von anderen nicht zu enttäuschen.

Falls Sie zur Gruppe von Menschen gehören, die diese Probleme nur zu gut kennen, trösten Sie sich: Sie sind nicht alleine. Viel mehr Menschen, als Sie ahnen, haben große Angst, abgelehnt, ausgelacht oder zurückgewiesen zu werden. Aber viel mehr Menschen, als Sie ahnen, haben auch gelernt, damit umzugehen: Sie haben gelernt, Ihren eigenen Gedanken und Gefühlen ein Schnippchen zu schlagen.

Mit dem Fürsorglichen Beobachter arbeiten!
Im Umgang mit diesen Gedanken und Gefühlen können Sie in Zukunft auf Ihren Fürsorglichen Beobachter zurückgreifen und auf die Strategien, die Sie in Woche 6 kennengelernt haben. (Wenn Sie jetzt grübeln und nicht mehr ganz genau wissen, was es mit diesem Fürsorglichen Beobachter auf sich hat? – Es ist nicht verboten, nochmal bei Woche 6 nachzuschlagen! Es wird auch nicht auf Facebook registriert, wenn Sie Dinge zwei- oder dreimal lesen, um sie sich zu merken!)

Begrüßen Sie Ihre hinderlichen Gedanken und Gefühle also künftig und nennen Sie sie beim Namen. *„Hallo, Angst vor dem Blamieren! Ich kenne dich gut und trotzdem werde ich mich jetzt zu Wort melden“*. Nehmen Sie Ihre hinderlichen Gedanken und Gefühle mit. Sie erinnern sich? Gedanken und Gefühle entstehen automatisch – Sie müssen ihnen aber nicht die Macht geben, Ihren Weg zu bestimmen.

Wie alles beim Alten bleibt
Wenn Sie alles beim Alten lassen möchten, dann sollten Sie Ihren Gefühlen und hinderlichen Gedanken möglichst viel Raum geben: Nehmen Sie sie so richtig ernst und richten sich nach ihnen. Immer wenn Sie Angst davor haben, sich zu blamieren, sollten Sie schweigen und sich möglichst unauffällig verhalten. Der Vorteil ist, dass Sie sich dann mit Sicherheit nicht blamieren werden. Der Nachteil dabei ist, dass Sie nichts verändern werden. Also, dann doch vielleicht besser die guten Vorsätze auspacken und überlegen, wie Sie das nächste Mal anders reagieren können?

Keiner versteht den anderen ganz, weil keiner beim selben Wort genau dasselbe denkt wie der andere.

Johann Wolfgang von Goethe (1749–1832)

Soziale Beziehungen verändern: soziale Kommunikation

An sich klingt es einfach: „*Wir sollten mal wieder miteinander reden.*“ Und eigentlich sollte man meinen, dass jeder das irgendwann mal gelernt hat. Die Wahrheit ist jedoch ziemlich ernüchternd: Die meisten Menschen in Deutschland beherrschen die Grundrechenarten, aber sie haben nur wenig Ahnung von den Grundlagen der Kommunikation. Es sind übrigens nicht nur die Männer, die besser rechnen als reden können! Und sehr vielen Menschen ist das überhaupt nicht bewusst. Im Gegenteil – irgendwie sind es immer die Anderen, die „komisch, schwierig, selbstsüchtig“ oder „unkooperativ“ sind. Dabei helfen einige kleine Fertigkeiten schon sehr viel weiter!

Es liegt einerseits an Gedanken und Gefühlen und andererseits an der Art und Weise, wie man miteinander umgeht, dass Missverständnisse entstehen oder Beziehungen kriseln. Dieses Buch ist kein Beziehungsratgeber und es kann auch keine Beratungsstelle oder Paartherapie ersetzen. Es gibt jedoch ein paar einfache Grundlagen, die Sie dabei unterstützen könnten, wirkungsvoller zu kommunizieren, Ihre Beziehungen zu festigen und Ihre sozialen Ziele besser zu erreichen – unabhängig davon, ob Sie an Ihrem derzeitigen sozialen Netz größere Veränderungen vornehmen wollen oder nur kleine Korrekturen planen.

Drei wichtige Gründe für Missverständnisse

1. Das, was Sie ausdrücken **möchten**, ist nicht unbedingt das, was Sie sagen.
2. Das, was Sie sagen, ist nicht unbedingt das, was beim Anderen ankommt.
3. Das, was bei Ihnen ankommt, ist nicht unbedingt das, was der Andere ausdrücken wollte.

7 Regeln, um Missverständnisse zu vermeiden

1. Verwenden Sie die Ich-Form, wenn Sie Kritik üben, und versuchen Sie freundlich zu bleiben.
2. Achten Sie auf Ihren Tonfall und Ihren Gesichtsausdruck. Das, was wir ohne Worte ausdrücken, wirkt meist stärker als das Gesagte!
3. Versuchen Sie, möglichst klar zu formulieren, was Sie wirklich sagen möchten, und fragen Sie nach, ob das beim Gegenüber ankam.
4. Bevor Sie sich wehren oder angreifen: Fragen Sie nach, ob Sie Ihr Gegenüber richtig verstanden haben!
5. Wenn Sie sich wehren oder angreifen wollen: Zeigen Sie Ihrem Gegenüber Respekt, indem Sie ihm immer deutlich machen, dass Sie seine Sichtweise der Dinge verstehen, aber trotzdem anderer Meinung sind. Das nennt man „wertschätzende Kommunikation".
6. Falls notwendig, bieten Sie Kompromisse an.
7. Belohnen Sie Ihr Gegenüber dafür, dass es Ihre Kritik verträgt!

Missverständnisse sind eher die Regel als die Ausnahme
Wie komplex Kommunikation sein kann, wird dann deutlich, wenn sie nicht funktioniert: Missverständnissen und Streitereien sind die logische Folge.

Sie könnten vorsichtshalber davon ausgehen, dass Missverständnisse auch bei Ihnen ziemlich häufig auftreten. Es sei denn, Sie gehören zu den seltenen 5 Prozent der Menschen, die kommunikative Genies sind. Interessanterweise zählen sich der Selbsteinschätzung nach 80 Prozent unserer Leserinnen und Leser zu dieser Gruppe.

Realistischer, als von immerwährendem Verständnis auszugehen, ist die Annahme, dass Sie nie die völlige Kontrolle darüber haben, wie Ihr Gegenüber interpretiert, was Sie sagen. Das kann daran liegen, dass Sie sich unklar ausdrücken, oder auch daran, dass Ihr Gegenüber ein ganz anderes „Übersetzungsprogramm" hat. Selbst Ihre klarsten Aussagen werden vor seinem ganz persönlichen Hintergrund gedeutet. Lesen Sie sich die Beispielgeschichte auf der folgenden Seite durch – kommt Ihnen einiges bekannt vor?

Streit in der Familie?
Die pubertierende Tochter setzt sich an den Mittagstisch, stochert auf ihrem Teller herum und fragt mit jenem unbeschreiblichen Gesichtsausdruck, über den nur unausgeschlafene 15-Jährige verfügen: *„Was schwimmt denn da Grünes in der Sauce herum?“* Die Mutter keift entnervt zurück: *„Wenn es dir bei uns nicht schmeckt, kannst du gerne selber kochen!“* Worauf die Tochter ihre Gabel auf den Tisch knallt und sich unter Absingen von Protestliedern aufs Zimmer verzieht. Der Haussegen hängt für die nächsten drei Tage schief, dabei hatte die Tochter tatsächlich noch nie Kapern gegessen und wollte lediglich wissen, *‚was da Grünes in der Sauce herumschwimmt‘*. Die Tochter fühlt sich natürlich entsprechend ungerecht behandelt und ist sich sicher, dass sie nicht in dieses Haus passt … Was ist hier so gründlich schiefgelaufen?

Sachfragen und Beziehungsebenen
Das Beispiel des Familienstreits macht ein ganz typisches Problem deutlich: manchmal werden bei der Kommunikation die Ebenen verwechselt: Eine einfache Sachfrage der Tochter (*‚Wie lautet die Bezeichnung des seltsam bitter schmeckenden Kleingemüses, das sich in meiner Sauce befindet?‘*) wurde – weil mit entsprechendem Gesichtsausdruck vorgetragen – auf der Beziehungsebene verstanden (*‚Du kochst ekelhaftes grünes Zeugs, das von der Menschenrechtskommission verboten gehört‘*).

Die Mutter verarbeitet die Aussage dann entsprechend weiterhin auf der Beziehungsebene (*‚Liebe Tochter, du schläfst bis in den Mittag und verbreitest schlechte Laune, während ich mir alle Mühe gebe, dich durch ein wunderbares neues Brigitte-Gericht für mich zu begeistern! Warum tu ich mir das alles an?‘*) Vor diesem Hintergrund fällt die Antwort der Mutter sogar noch einigermaßen moderat aus, oder?

Die Tochter versteht die Aussage der Mutter nun aber aus ihrer Perspektive und denkt: *‚Da quäle ich mich schon bei Unzeiten aus dem Bett und versuche mal nett zu sein, indem ich die Mutter nach ihren komischen neuen Rezepten frage, und dann knallt sie mir so eine vor den Latz. Das geht gar nicht. Hier kann man nicht überleben.‘* Das Missverständnis hat volle Fahrt aufgenommen und die Stimmung ist auf den Nullpunkt gesunken.

Nun – manchmal geht’s eben schief, aber einige kleine Regeln sollten helfen, die gröbsten Missverständnisse zu vermeiden.

So klappt Kommunikation
Diese vier Punkte sind wesentlich für gelingende Kommunikation:

* *Eine positive Grundstimmung schaffen – Blickkontakt aufnehmen.*
* *Offen und klar sprechen.*
* *Wertschätzend zuhören.*
* *Kritik wertschätzend äußern.*

Positive Grundstimmung

Kommunikation ist etwas ganz Alltägliches. Von morgens bis abends tauschen Sie Informationen aus, schreiben E-Mails, telefonieren, begrüßen die Nachbarn mit einem Winken, lieben und streiten. Ihr Leben ist nicht zusammenhanglos, sondern Sie stehen in einem Austausch mit anderen.

Was Sie tun, hat einen Einfluss darauf, was andere tun. Im Gegenzug hat das Verhalten der anderen Einfluss auf Sie. Und diese Wechselwirkung zu erkennen, ist sehr wichtig: Mit dem, was Sie in diesem Buch erfahren, können Sie zwar nur Ihr eigenes Verhalten verändern. Die Menschen aus Ihrer Umgebung werden jedoch automatisch auf dieses neue Verhalten reagieren – ganz ohne dass sie dieses Buch gelesen haben. Probieren Sie es aus.

Übung „Lächeln und grüßen"

Wenn Ihnen auf der Straße jemand begegnet, an dem Sie normalerweise einfach vorbeigehen, nehmen Sie Blickkontakt mit dieser Person auf und lächeln Sie sie an, vielleicht mit einem leichten Kopfnicken oder einem freundlichen „Hallo". Ganz wichtig: Sie sollten die Augenbrauen hochziehen, wenn Sie jemanden begrüßen. Dies signalisiert dem anderen Sicherheit und freundliche Achtung. Achten Sie auf den Einfluss, den Ihr Verhalten auf diesen Menschen hat. Sie können ruhig experimentieren: Grüßen Sie mit zusammengekniffenen oder hochgezogenen Augenbrauen. Was kommt von ihm zurück?

Hat die Person Ihr Lächeln erwidert? War sie irritiert, weil sie nicht erwartet hat, dass jemand sie „einfach so" anlächelt? In solchen Experimenten wird sehr deutlich, welchen Einfluss Sie schon mit kleinen Gesten auf Ihre Umwelt haben. Vielleicht denkt die Person immer noch darüber nach, ob sie Sie kennen sollte oder warum Sie sonst gegrüßt haben. Vielleicht hat Ihr Lächeln auch die Laune Ihres Gegenübers angehoben, war ein kleiner Glücksmoment im Alltag.

Vielleicht können Sie jetzt gleich einen kurzen Spaziergang um den Block machen? Wenn das nicht möglich ist – weil Sie dieses Buch mitten in der Nacht lesen oder ein Unwetter ums Haus tobt – notieren Sie sich die Aufgabe für das nächste Mal, wenn Sie das Haus verlassen.

Tipps für ein gelingendes Gespräch

Äußern Sie

* *Ihre eigenen Gedanken oder Gefühle*
* *zu konkreten Situationen oder konkretem Verhalten*
* *in der Ich-Form.*
* *Menschen bevorzugen andere Menschen, die ihre Gefühle offen zeigen!*

Wie man in den Wald …
Kommunikation ist ein gegenseitiges Beeinflussen: Wie man in den Wald hineinruft, so schallt es heraus. Diese einfache Grundlage können Sie nutzen, um neue Kontakte zu knüpfen und bei Begegnungen mit Bekannten eine positive Grundstimmung zu schaffen. Probieren Sie es einmal aus, indem Sie Ihrem Gesprächspartner zu Beginn sagen, dass Sie sich freuen ihn zu sehen: *„Schön, dass Sie da sind“*. Oder machen Sie Freunden und Bekannten (ehrliche) Komplimente: *„Gut siehst du aus“*.

Offen und klar sprechen

Eine Grundvoraussetzung dafür, sich aufrichtig und klar auszudrücken, ist das Wörtchen „Ich“. Schließlich geht es um Ihre Meinung, Ihre Gefühle und Ihre Einstellungen. Gewiss kennen Sie das: Im Alltag über das Wörtchen „man“ ganz diskret einer offenen Kommunikation auszuweichen. *„Das macht man nicht“* statt *„Ich finde das nicht gut“*. Besonders in Streitgesprächen ist es verlockend, die eigenen Gefühle in Vorwürfe zu verpacken. *„Du hast einfach keine Zeit für mich“* statt *„Ich fühle mich vernachlässigt“*.

Kommunikation ist erfolgreicher, wenn Sie ganz konkret benennen, worüber Sie sprechen. Nach welchen Sätzen kommt es wohl eher zu einer Verabredung? *„Man könnte doch mal wieder einen Kaffee trinken. Was meinst du?“* oder *„Ich würde mich freuen, wenn wir mal wieder gemeinsam Kaffeetrinken würden. Hast du am Dienstag Zeit?“*

Konkret bleiben
Bei Streitgesprächen liegt eine große Gefahr in der Verallgemeinerung. Stellen Sie sich vor, Sie hätten vergessen, den Müll runterzubringen, und Ihr Partner oder Ihre Partnerin begrüßt Sie mit den Worten: *„Nie nimmst du den Müll mit.“* Wie würden Sie reagieren? Wahrscheinlich gereizt – und zwar nicht nur, weil der Satz einen Vorwurf beinhaltet. Das Problem liegt in dem Wörtchen „nie“. Sie haben schließlich bestimmt schon einmal in Ihrem Leben den Müll weggebracht – oder?

Wir würden Sie reagieren, wenn Ihr Partner oder Ihre Partnerin sagt: *„Es hat mich geärgert, dass du diese Woche den Müll nicht runtergebracht hast. Hast du es vergessen?“* Dieses Gespräch ist wahrscheinlich immer noch nicht besonders angenehm, aber wahrscheinlich kein Anlass für einen ausgewachsenen Streit. In diesem Satz ist die Rede von ganz konkretem Verhalten zu einem ganz konkreten Zeitpunkt.

Das Verhalten kritisieren, nicht die Person
Ähnlich verhält es sich mit Rückschlüssen von Verhalten auf Eigenschaften Ihres Gegenübers. Wie fühlen sich folgende Sätze an: *„Sie sind unpünktlich“* oder *„Das ist wieder mal typisch für Sie, dass Sie Ihre Aufgaben so vernachlässigen“*? Wahrscheinlich wesentlich verletzender als *„Sie sind diese Woche schon zweimal zu spät gekommen“* oder *„Es ist sehr wichtig, dass Sie diese Aufgaben bis Donnerstag erledigen“*. In der ersten Variante wird die Person direkt kritisiert und es werden Eigenschaften unterstellt: unpünktlich, nachlässig. In der zweiten Variante wird ganz konkretes Verhalten zu einem ganz konkreten Zeitpunkt benannt.

Auf der nächsten Seite finden Sie in der Übung „Offen und klar sprechen“ die Möglichkeit, einige Formulierungen zu trainieren.

Übung „Offen und klar sprechen“

Schauen Sie sich die unten stehenden Sätze an und finden Sie neue Formulierungen für sie – verwenden Sie die Ich-Form, benennen Sie Ihre Wünsche und verzichten Sie auf Rundumschläge.

„Das ist so typisch für dich. Nie bringst du den Müll runter.“

Beispiel: Ich nehme an, dass es für dich bequemer ist, wenn ich das mache, aber ich möchte, dass du den Müll runterbringst.

„Du kümmerst dich echt nur noch um dich.“

Beispiel: Ich würde mich freuen, wenn du etwas mehr Zeit und Aufmerksamkeit für mich hättest!

„Mit dir kann man wirklich nirgendwo hingehen.“

„Findest du nicht, du solltest etwas mehr Sport machen?“

„Sieht doch jeder, dass Berlin spannender ist als München.“

Nun haben wir als Herausforderung noch einige Situationen für Sie zusammengestellt, in denen es nicht ganz so einfach ist, die richtigen Worte zu finden. Überlegen Sie, wie Sie sich in diesen Situationen möglichst offen und klar ausdrücken können.

Seit einigen Stunden spricht Ihr(e) Partner(in) nur noch das Nötigste mit Ihnen. Sie möchten herausfinden, was los ist.

Beispiel: Ich habe das Gefühl, dass du heute weniger mit mir sprichst als sonst. Das wundert/ärgert/verunsichert mich. Gibt es einen Grund dafür?

Seit einigen Wochen hat ein(e) Freund(in) viel Stress bei der Arbeit, macht keinen Sport mehr und raucht sehr viel. Sie möchten mit ihm/ihr darüber sprechen und Ihre Hilfe anbieten.

Um ein Arbeitsprojekt abzuschließen, brauchen Sie dringend einen Bericht Ihres Kollegen. Der Kollege hat Ihnen schon mehrmals versprochen, den Bericht so schnell wie möglich abzuschicken. Sie möchten ihn daran erinnern.

Wertschätzend zuhören

Auch beim Zuhören können Sie einen entscheidenden Einfluss auf das Gespräch nehmen. In dieser Woche sind Sie ja schon über das Wort „wertschätzen" gestolpert.

So funktioniert es
In der Kommunikation bedeutet „wertschätzend kommunizieren", Ihrem Gegenüber zu vermitteln, dass Sie dessen subjektive Sichtweise der Dinge nachvollziehen und verstehen können. Sie erklären diese Sichtweise damit – aus dessen persönlicher Sicht – für „gültig", auch wenn Sie nicht derselben Meinung sind. Und das zu tun, ist wichtig für konstruktive Gespräche. So gehen Sie am besten dabei vor:

* Aufmerksamkeit schenken und Interesse signalisieren.
* Aktiv nachfragen.
* Signalisieren, dass die subjektive Sichtweise berechtigt ist.

Das klingt jetzt vielleicht kompliziert und ungewohnt, aber mit etwas Übung sollte es klappen. Im Folgenden gehen wir alles Schritt für Schritt mit Ihnen durch.

Aufmerksamkeit und Interesse
Wenn Sie Ihrem Gegenüber signalisieren wollen, dass das Gespräch mit ihm jetzt ziemlich unwichtig ist, dass es zig Dinge gibt, die deutlich interessanter sind als er, dann sollten Sie während des Gespräches möglichst abgelenkt erscheinen. Wenn Sie allerdings lediglich Ihren Gedanken nachhängen, besteht die Gefahr, dass Ihr Partner das vielleicht gar nicht bemerkt und Ihre Nachdenklichkeit als einen Hinweis auf besondere Betroffenheit fehldeutet. Besser ist: Bilder an der Wand betrachten, Zeitung lesen oder fernsehen. Besonders effektiv: E-Mails beantworten oder sonstige digitale Weisheiten durch die Welt schicken …

Wenn Sie Ihrem Gegenüber allerdings vermitteln wollen, dass das, was er Ihnen zu sagen hat, für Sie von Bedeutung ist, dann sollten Sie … Na ja, das können Sie sich jetzt ja zusammenreimen. Sehr wirksam sind selbst so altmodische Dinge wie Augenkontakt herstellen, nicken, kurz widerspiegeln, was Sie verstanden haben, und die Gefühle des anderen zu formulieren.

„Nachvollziehen heißt nicht, dass Sie zustimmen."

Martin Bohus

Die Gründe verstehen
Jeder Mensch findet seine eigene Meinung und seine eigene Sichtweise der Dinge richtig und wichtig! Denn es gibt gute Gründe dafür, dass er die Dinge genauso sieht, wie er sie sieht, sonst würde er sie anders sehen. Trifft er auf jemanden, der ihm vermitteln will, dass seine Sicht der Dinge „falsch" oder „dumm" ist, so fühlt er sich angegriffen. Und zwar in seiner Person, und nicht nur in seiner Meinung! Das ist der Normalfall und nicht die Ausnahme. Der Normalfall ist dann auch, dass der Angegriffene versucht, seine Sicht der Dinge zu verteidigen und dafür zu kämpfen, dass er recht hat. Er wird laut, weil der Andere offensichtlich gar nicht versteht, wie die Dinge für ihn stehen. Erst wenn der Andere signalisiert, dass er ihn verstanden hat, kann er einlenken, ohne persönlich verletzt zu sein. Diesen Prozess können Sie durch Wertschätzung abkürzen: Bevor Sie Kritik äußern, bevor Sie etwas ändern wollen, vermitteln Sie Ihrem Gegenüber, dass Sie dessen Sichtweise nachvollziehen können!

Angespannte Situationen
Wenn jemand wirklich wütend ist auf Sie und Sie würden diese Situation gerne entschärfen: Blicken Sie ihm ausnahmsweise nicht in die Augen, sondern auf den Mund, das trägt zur Entspannung bei.

Auf den Anderen eingehen

Auch auf diesem Gebiet gibt es reichlich Gelegenheit, Missverständnisse zu pflegen: Sie könnten Ihrem Gegenüber zum Beispiel vermitteln, dass dessen Blick auf die Dinge der Welt völlig verschroben ist und dass es deutlich klüger wäre, wenn er so denken und fühlen würde wie Sie. Dazu müssten Sie eigentlich oft nur das aussprechen, was Ihnen so spontan durch den Kopf schießt: Angenommen, eine Freundin macht sich ernsthafte Sorgen, dass ihr Sohn schon wieder eine 5 in Mathe nach Hause gebracht hat. Sie könnten nun antworten: *„Das macht doch gar nichts, meiner ist auch durchgefallen“* oder *„Da musst du dir keine Sorgen machen, das packt der schon“*, oder *„Vielleicht ist es eh besser, wenn er eine Lehre macht“*… Auch der Kollege, der darüber klagt, dass er seinen Bericht bis Freitag abgeben muss, freut sich über kluge Anregungen wie: *„Also ich hock mich dann halt mal bis nach Mitternacht hin und verkneife mir das Feierabend-Bier“*… alles eigentlich ganz einfach, oder?

Leider ist es deutlich schwieriger, sich in die Position eines Anderen zu versetzen, und nachzuempfinden, wie der Andere so denkt und fühlt. Weshalb ist gerade für die oben beschriebene Freundin die 5 ihres Sohnes ein Grund zu ernsthafter Besorgnis? Und weshalb findet sich jemand anderes leicht damit ab, wenn die Kinder mal eine Extrarunde in der Schule drehen müssen?

Aber genau die Vielfältigkeit von Menschen macht das Leben ja spannend! Wenn Sie einmal damit begonnen haben, sich in ihre Mitmenschen zu versetzen, also in „deren Schuhe zu schlüpfen“, werden Sie entdecken, wie weit gefächert und wie bunt das menschliche Erleben ist. Wie viele unterschiedliche Wahrnehmungen und Interpretationen es für ein und dasselbe Ereignis gibt. Und dass es oft wesentlich interessanter ist, die Beweggründe eines anderen nachzuvollziehen als ihn von der Richtigkeit seiner eigenen Meinung zu überzeugen!

Berechtigung anerkennen

Nehmen Sie sich in Gesprächen etwas Zeit für Ihre Antworten. Beißen Sie sich auf die Zunge, wenn wieder mal vorschnelle Lösungsvorschläge über Ihre Lippen perlen wollen. Für ein konstruktives Gespräch ist es wichtig, die Sichtweise des Gegenübers nicht nur zu verstehen, sondern dies auch zu äußern – wie sollte Ihr Gegenüber sonst davon erfahren! Es ist also hilfreich, das Gesagte in Ihren eigenen Worten zu wiederholen: *„Ich kann gut nachvollziehen, dass du dachtest, ich wollte dich ärgern …“*, *„Ich finde es völlig gerechtfertigt, dass Sie sich beschweren, wenn Sie Überstunden machen sollen …“*

Und besondere Vorsicht mit dem Killer-Wort: Liegt Ihnen das „Aber“ schon auf der Zunge? Dieses „Aber“ ist eigentlich jedes Mal eine kleine Ohrfeige. *„Das klingt gut, was du sagst, aber …“*, *„Eigentlich finde ich dich ganz nett, aber …“*, *„Ich habe das Gefühl, Sie haben die Botschaft dieses Kapitels verstanden, aber…“*

Versuchen Sie es mal mit einem „und trotzdem“ und schildern Sie dann Ihre Sichtweise – offen und klar.

Aktiv nachfragen
Ein Tipp: Wenn Sie kein Gedankenleser sind, dann fragen Sie doch einmal nach, was Ihr Gegenüber empfindet oder was die Dinge für ihn bedeuten …

Wertschätzend Kritik äußern

Jetzt geht es um Frau Müller, die gekocht hat. Aber eigentlich hat sie nicht nur gekocht, sondern sie hat ein brandneues Rezept ausprobiert. Dafür musste sie extra Koriander und Zitronengras besorgen – das gibt es nur in speziellen Asia-Geschäften, und da war sie noch nie … Aber schließlich hat sie alles besorgt und keine Mühen gescheut, um ihren Ehemann zu überraschen.

Frau Müllers Ehemann ist in letzter Zeit immer kurzsilbiger geworden, die Arbeit belastet ihn zunehmend und er redet nicht gerne darüber. Deshalb der Plan mit dem Abendessen, und ein exquisiter Rotwein sollte zusätzlich den Gaumen verwöhnen.

Doch leider läuft an diesem Abend einiges schief: Der Ehemann verschlingt das kostbare Mal, trinkt einen Schluck Rotwein, sagt kurz „*prima*" und vertieft sich in den Sportteil der Tageszeitung: Der Mittelstürmer seines Lieblingsvereines hat sich entschlossen, den Verein zu wechseln, das senkt seine Laune erheblich. Und jetzt keift auch noch seine Frau: „*Du bist wirklich unmöglich, du kannst wenigstens das Geschirr abräumen, wenn ich schon gekocht habe! Mir reicht es so langsam*". Herr Müller versteht nicht wirklich: „*Aber du kochst doch jeden Tag.*" „*Genau, und jetzt reicht's, koch doch in Zukunft selbst!*". Herr Müller ist ob des plötzlichen Gefühlsausbruches seiner Gattin dann doch betroffen und meint besänftigend: „*Na ja, wir können auch mal wieder richtig gut essen gehen, wenn's dir zu viel wird.*" – Dieser Satz bringt das Fass zum Überlaufen …

Frau Müller einen Rat geben
Stellen wir uns mal vor, diese Frau Müller kommt am nächsten Tag zu Ihnen, weil Sie ihre beste Freundin sind oder ihr brüderlicher Ratgeber. Und sie erzählt Ihnen diese Geschichte genau so, wie Sie sie jetzt gelesen haben. Vielleicht überlegen Sie kurz, bevor Sie weiterlesen, welchen Rat Sie für Frau Müller hätten?

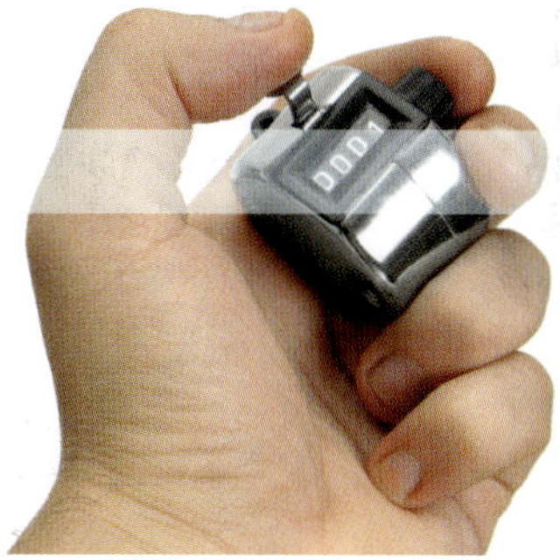

Die „Aber" zählen

Vielleicht achten Sie mal darauf, wie häufig Sie am Tag „Aber" sagen? Wenn man solche Aufgaben ernst nimmt, kann man sich einen Handzähler zulegen (gibt's im Netz für etwa 4 Euro) – Sie werden erstaunt sein, auf welche Summen Sie kommen! Man kann sich auch eine Handvoll kleiner Bohnen in die rechte Hosentasche stecken. Bei jedem „Aber" wandert eine Bohne in die linke Tasche. Sie werden erstaunt sein, wo die Bohnen sich am Abend sammeln.

Nun, was ist Ihnen eingefallen: „*Dein Mann ist doch ein Ignorant, der kann das gar nicht würdigen, was du für ihn alles tust!*“ oder „*Weshalb kochst du eigentlich noch für diesen Mann?*“ oder „*Ich würde die Zeitung abbestellen*“? Diese Ratschläge hätten den Vorteil, dass Frau Müller das eindeutige Gefühl hat, dass Sie sie tief verstehen und auf ihrer Seite sind. Manchmal tut es ja gut, so richtig abzulästern. Aber hilft dies Frau Müller wirklich weiter?

Wie wäre es mit: „*Hör zu, ich kann verstehen, dass du dich aufregst, das klingt auch wirklich ziemlich herb, nachdem du dir so viel Mühe gegeben hast mit dem neuen Rezept, und er kommt dann mit dem Vorschlag, mal wieder essen zu gehen. Ich würde mich da auch beleidigt fühlen … und trotzdem … bist du sicher, dass dein Mann überhaupt verstanden hat, um was es dir ging?*“

Und schließlich könnten Sie Ihr ein paar Tricks verraten, damit die Szene das nächste Mal anders läuft.

Ein anderer Abend der Müllers
Herr Müller hängt nach dem Essen schon tief über der Zeitung und seufzt. Frau Müller: „*Hey, Karl, ich seh', der Sportteil ist wichtig, kann ich dir trotzdem kurz was sagen?*“ Herr Müller blickt auf, gramgebeugt, solch ein guter Mittelstürmer wird nie wieder kommen. Frau Müller: „*Was passiert?*“, Herr Müller nickt: „*Ja, sie verkaufen Max Kruse.*“ Frau Müller: „*Oh, scheint schlimm zu sein. Kann ich dir trotzdem kurz was sagen, es wäre mir wichtig.*“ Herr Müller nickt und wird wacher: „*Ja, klar.*“ Frau Müller: „*Horch her: Ich kann ja verstehen, dass du mal deine Ruhe willst! Und trotzdem: Ich habe den ganzen Tag gekocht und ein neues Rezept ausprobiert. Ich bin dafür extra zum Asia-Markt geradelt, ich wollte dir eine Freude machen, weil ich das Gefühl habe, dass es dir nicht gut geht in letzter Zeit. Und ich wollte, dass wir darüber reden können. Das wäre mir wichtig, dass du nicht alles in dich reinfrisst. Ja, und dann schlingst du das Essen nur runter und sagst kein Wort. Ich bin völlig enttäuscht und auch wütend. Ich mach die ganze Arbeit, und du merkst es nicht mal. Wolltest du das?*“

Jetzt können wir Herrn Müller einsichtig gestalten, dann sagt er: „*Puh, und ich merk das noch nicht mal, entschuldige bitte, das ist ziemlich fies von mir …*“ Oder wir gestalten ihn ein wenig hartnäckiger, in dem Fall kommt: „*Nein, natürlich wollte ich das nicht. Aber ich bin fix und fertig, und ich brauch auch mal meine Ruhe und will Zeitung lesen.*“ Darauf Frau Müller (wenn sie einen guten Tag hat): „*Ok, ich versteh, dass du fertig bist, und ich versteh auch, dass du mal deine Ruhe brauchst. Und trotzdem würde ich mich freuen, wenn wir Zeit fänden, um darüber zu reden, was dich bedrückt. Wann würde es dir denn passen?*“

Zugegeben, das klingt etwas idealtypisch, aber trotzdem friedlicher. Weshalb? Frau Müller hat ein paar kleine Regeln befolgt.

Regeln zum Äußern von Kritik

1. Bevor Kritik geäußert wird, immer Zustimmung einholen („*Darf ich dir kurz sagen, was ich dazu denke?*“) – dies erhöht die Bereitschaft beträchtlich, dass das Gegenüber auf Kritik eingeht!

2. Wertschätzen Sie die Situation des Gegenübers („*Ich kann verstehen, dass du deine Ruhe brauchst, und trotzdem …*“).

3. Beschreiben Sie Ihre Motivation („*Ich wollte eigentlich …*“) und

4. beschreiben Sie das Verhalten des Gegenübers („*Und du schlingst alles in dich rein und sagst kein Wort …*“).

5. Beschreiben Sie jetzt Ihre eigenen Gefühle und Gedanken („*Das verletzt mich und ich denke: ‚Koch dein Zeugs doch in Zukunft selber*‘“).

6. Fragen Sie nach, ob das die Absicht Ihres Gegenübers war („*Wolltest du das?*“).

7. Meistens ist das nicht der Fall, dann können Sie nachfragen („*Was wolltest du denn eigentlich wirklich?*“). Oder Sie können einlenken und versuchen, einen vernünftigen Kompromiss auszuhandeln.

Zugegeben, die Regeln klingen bestens, nur gibt es das Problem: man kann sie sich nicht alle auf einmal merken. Deshalb sollten Sie sie mit der folgenden Übung einmal anwenden und vertiefen.

Übung „Kritik wertschätzend formulieren“

Jetzt sind Sie an der Reihe: Wir haben Ihnen zwei Dialoge aufgeschrieben, die leider nicht sonderlich erfolgreich verlaufen sind. Versuchen Sie, in der rechten Spalte diese Antworten wertschätzender zu formulieren! Es geht um Folgendes:

Paul kommt eine halbe Stunde zu spät zu einem Treffen. Ellen dagegen hat sich abgehetzt, um pünktlich zu sein. Sie fühlt sich buchstäblich wie „bestellt und nicht abgeholt“…

Paul: Hey, da bist du ja	Paul: Hey, da bist du ja!
Ellen: Ja, da bin ich. Seit einer halben Stunde stehe ich hier dumm rum! Kannst du nicht einmal pünktlich sein?	Ellen: Ja, da bin ich, schon seit einer halben Stunde. Du hast sicherlich gute Gründe, aber ich fühle mich ziemlich bescheuert.
Paul: Meine Güte, deswegen brauchst du doch nicht gleich so rumzuzicken! Ich musste bei der Arbeit noch etwas fertig machen.	Paul: Oje, das versteh ich, tut mir echt leid, ich musste in der Arbeit noch etwas fertig machen.
Ellen: Na klasse, da ist die Arbeit ja mal wieder wichtiger als ich.	Ellen:
Paul: Ach komm. Schwamm drüber, lass uns einen schönen Abend machen – jetzt bin ich ja da.	Paul:
Ellen; Klar, wieder mal typisch, der Herr hat keine Lust, sich auseinanderzusetzen.	Ellen:

Emil, der Sohn von Herrn Kirchberg, kommt vom Fußballtraining nach Hause. Sein Vater erwartet ihn schon in der Tür. Er ist sauer, weil Emil seine Schulsachen im ganzen Wohnzimmer verteilt hatte und er vor dem Staubsaugen erst einmal aufräumen musste.

Herr Kirchberg: Hallo Emil. Sag mal, glaubst du eigentlich, deine Mutter und ich sind deine Dienstboten?	Herr Kirchberg:
Emil: Was ist denn jetzt schon wieder los?	Emil:
Herr Kirchberg: Das Wohnzimmer ist ein einziger Saustall.	Herr Kirchberg:
Emil: Ihr seid echt doof. Erst sagst du, ich muss die Hausaufgaben noch vor dem Fußballtraining machen, und jetzt meckerst du auch noch rum.	Emil:
Herr Kirchberg: Das ist kein Grund zum Frechwerden. Es ist ja wohl nicht zu viel verlangt, deine Sachen aufzuräumen.	Herr Kirchberg:

Balance-Übungen für die Woche 7

Wir hoffen, dass Sie einige Anregungen für den Umgang mit Ihren Stolpersteinen gefunden haben. Vielleicht war auch der ein oder andere Vorschlag dabei, den Sie gerne unabhängig von Ihrem Veränderungsplan ausprobieren möchten. Wie bisher gilt auch hier: Probieren geht über Studieren. Es hilft noch nicht viel, einmal etwas über gelungene Kommunikation gelesen zu haben. Erst das regelmäßige Üben wird Sie weiterbringen. Bestimmt ahnen Sie es schon: Es geht in dieser Woche darum, das Gelesene umzusetzen. Und natürlich steht auch das Trainieren der Achtsamkeit auf dem Programm.

1. Die Achtsamkeit trainieren

CD Versuchen Sie sich diese Woche noch einmal an der Übung „Gedanken und Gefühle begrüßen" von Kapitel 1 (Seite 26). Beobachten Sie Ihren Atem währenddessen und zählen Sie Ihre Züge langsam und regelmäßig bis zehn. Wenn Sie bei zehn angekommen sind, beginnen Sie wieder bei eins. Wann immer Sie sich dabei beobachten, dass Sie an andere Dinge denken, begrüßen Sie diese Gedanken und beginnen Sie wieder von vorne. Schaffen Sie schon täglich 10 Minuten?

2. Netzwerken und Kommunikation trainieren

Nehmen Sie sich am besten sofort und gleich einen ganz konkreten kleinen Schritt vor, um Ihr soziales Netzwerk zu verbessern: Vielleicht rufen Sie eine Freundin an und verabreden sich? Dann überlegen Sie sich weitere Schritte und tragen sie in den Veränderungsplan ein, den Sie im Arbeitsheft ab Seite 26 finden. Am besten machen Sie die Vorhaben anschließend terminlich konkret und tragen sich diese in Ihren Kalender ein – an welchem Tag wollen Sie sich zum Beispiel mehr Zeit nehmen, mit Ihren Kollegen ins Gespräch zu kommen? Oder wann frischen Sie den Kontakt zu einem alten Schulfreund auf?

S. 26

Was auch immer Sie sich vornehmen – wenn Sie sich für einen Schritt entschieden haben, überlegen Sie, welche der Kommunikationsfertigkeiten Sie dabei besonders beachten können. Möchten Sie eine positive Grundstimmung schaffen, offen und klar sprechen, wertschätzend zuhören oder wertschätzend Kritik äußern? Natürlich könnten Sie auch alles auf einmal tun – zum Üben empfiehlt es sich jedoch, sich auf einen der vier Punkte zu konzentrieren.

Trockenübungen durchführen

Bevor Sie mit der Übung loslegen, noch zwei kleine Tipps: Stehen schwierige Situationen an – beispielsweise die Aussprache nach einem Streit oder etwas, das Ängste in Ihnen auslöst – kann es hilfreich sein, „Trockenübungen" zu machen. Dazu können Sie die Augen schließen und sich in die Situation hineinversetzen. Nehmen Sie dann die Ängste oder die selbstkritischen Gedanken aktiv an, wie Sie es in Woche 6 gelernt haben. Als Sparringspartner eignet sich auch Ihr Badezimmerspiegel. Üben Sie, was Sie Ihrem Gegenüber sagen wollen. Probieren Sie verschiedene Formulierungen und Körperhaltungen aus. Derart vorbereitet, werden Sie die Situation sicherlich leichter bewältigen.

Wenn Sie sich vorgenommen haben, häufiger „Nein" zu sagen oder sich klarer abzugrenzen, bereiten Sie sich auf gewisse Risiken und Nebenwirkungen vor. Ihre Mitmenschen werden nicht sofort erfreut sein, wenn Sie beginnen, Ihre eigenen Bedürfnisse nicht mehr unter den Teppich zu kehren. Damit negative Reaktionen Ihre guten Vorsätze nicht gleich ruinieren, ist es hilfreich, diese als mögliche Stolpersteine in die Liste mit aufzunehmen. Überlegen Sie, wie Sie am besten damit umgehen könnten.

Woche 8

Was tun, wenn man in Gefahr ist …

Man müsste schon in einer Dauernarkose liegen, wenn man in der heutigen Zeit nicht ab und an unter Stress geraten würde. Über manche Phasen des Lebens ist Belastung sogar eher die Regel als die Ausnahme. Deshalb ist es nicht ganz unwichtig zu wissen, wie Sie solche Phasen gut bewältigen können und was zu tun ist, wenn Ihre Reserven erschöpft sind.

… die Balance zu verlieren?

Stark sein bedeutet nicht, nie zu fallen, sondern immer wieder aufzustehen.

Ziele dieser Woche

Zum einen werden Sie Ihre persönlichen Frühwarnzeichen für intensiven Stress und Überlastung kennenlernen. Sie werden erfahren, warum es so wichtig ist, gerade in solchen Zeiten für sich zu sorgen: mit regelmäßigen Pausen und Entlastung, mit Training der körperlichen Fitness, mit gutem Schlaf und sozialer Unterstützung. Zum anderen werden Sie einiges über die Frühwarnzeichen von psychischen Störungen erfahren, und über den Punkt, ab dem Sie professionelle Hilfe suchen sollten.

Stress? – Menschen reagieren sehr verschieden!

Menschen haben ziemlich vielseitige, aber auch ziemlich typische Reaktionsmuster, wenn sie unter zu viel Stress geraten: Manche stopfen Schokolade in sich hinein, andere greifen zu Alkohol und Zigaretten. Manche werden gereizt und aggressiv, andere schotten sich von ihren Freunden ab. Einige werden immer schneller, und einige drohen zu erstarren. Es gibt Menschen, die werden unter Stress erst richtig hochkonzentriert, und andere verlieren völlig die Orientierung. Und selbst extreme Belastung wird für manche erst spürbar, wenn der Körper streikt. Andere jedoch haben sehr feine Antennen und verspüren rasch die Folgen von Druck. In einem Satz gesagt: die Reaktionen auf Stress sind so vielfältig, wie die Menschen verschieden sind. Und daraus ergibt sich ein Drei-Schritte-Plan zum Umgang mit Stress.

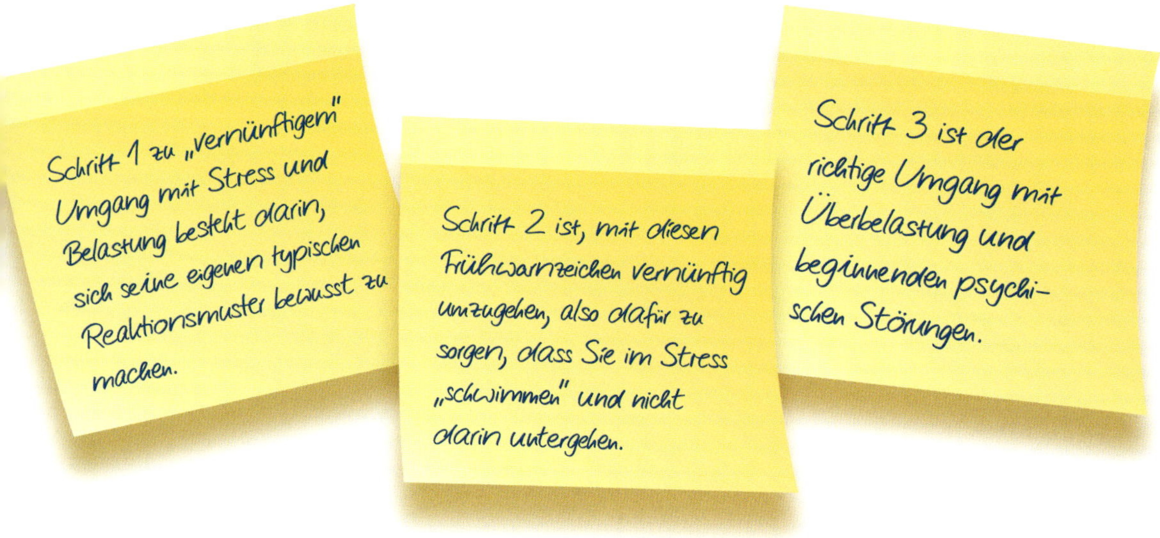

Schritt 1: Individuelle Reaktionsmuster auf Stress

Wir haben es schon erwähnt: verschiedene Menschen reagieren verschieden auf Stress. Aber die einzelnen Menschen reagieren auf verschiedene Stress-Situationen immer ähnlich. Das betrifft das Denken, die Emotionen, die körperlichen Reaktionen und das Verhalten. Auch wenn es nach strengen wissenschaftlichen Kriterien schwierig ist, klare Stress-Typen zu definieren, so ist es doch sehr hilfreich, wenn man seine eigenen Stress- und Belastungsreaktionen, also sein „Stressmuster" kennt.

Dazu finden Sie im Folgenden den Fragebogen „Typische Reaktionen bei Stress und Überlastung", in dem eine Vielzahl von Verhaltensmustern aufgezählt ist, mit denen Menschen auf Stress reagieren können. Manche mögen Ihnen etwas fremdartig erscheinen, manche sind Ihnen sicherlich gut bekannt. Kreuzen Sie auf der Skala von 1 bis 10 an, wie sehr die jeweiligen Reaktionen auf Sie zutreffen.

Übung „Typische Reaktionen bei Stress und Überlastung“

Bevor Sie die folgenden Fragen beantworten, ist es hilfreich, sich an eine sehr stressreiche Phase zu erinnern. Versuchen Sie das möglichst detailliert: Wann genau war diese Phase? Welcher Art waren die äußeren Umstände? Gab es spezielle Bedingungen, die Ihr psychisches Befinden beeinflusst haben? Schließen Sie für einen Moment die Augen und lassen Sie diese Zeit vor Ihrem inneren Auge lebendig werden. Beantworten Sie dann die folgenden Fragen mit Bezug auf diese Belastungsphase oder ähnliche Situationen, die für Ihr Leben typisch sind.

Wenn ich unter Stress und hoher Belastung bin, dann ...

gar nicht		gering		mittel		stark		sehr ausgeprägt	
1. habe ich Schwierigkeiten, mich zu konzentrieren.									
1	2	3	4	5	6	7	8	9	10
2. liege ich oft stundenlang im Bett und kann nicht einschlafen.									
1	2	3	4	5	6	7	8	9	10
3. fühle ich mich innerlich nervös und unruhig.									
1	2	3	4	5	6	7	8	9	10
4. esse ich übermäßige Mengen an Schokolade oder anderen Süßigkeiten.									
1	2	3	4	5	6	7	8	9	10
5. werde ich auch tagsüber müde und träge.									
1	2	3	4	5	6	7	8	9	10
6. plagen mich Kopfschmerzen.									
1	2	3	4	5	6	7	8	9	10
7. bin ich oft hochkonzentriert und vergesse alles um mich herum.									
1	2	3	4	5	6	7	8	9	10
8. spüre ich Schmerzen in Nacken, Schulter oder Rücken.									
1	2	3	4	5	6	7	8	9	10
9. muss ich stundenlang grübeln, ohne dass ich dies stoppen kann.									
1	2	3	4	5	6	7	8	9	10
10. werde ich gereizt und aggressiv.									
1	2	3	4	5	6	7	8	9	10

gar nicht		gering		mittel		stark		sehr ausgeprägt	
11. werde ich vergesslich und unaufmerksam.									
1	2	3	4	5	6	7	8	9	10
12. leide ich unter Verdauungsproblemen und Durchfall.									
1	2	3	4	5	6	7	8	9	10
13. bekomme ich nervöses Zucken.									
1	2	3	4	5	6	7	8	9	10
14. quälen mich düstere Gedanken und drohende Katastrophen.									
1	2	3	4	5	6	7	8	9	10
15. wache ich morgens sehr früh auf und kann nicht mehr einschlafen.									
1	2	3	4	5	6	7	8	9	10
16. verspüre ich keine Lust mehr auf Sexualität.									
1	2	3	4	5	6	7	8	9	10
17. springe ich von einer Arbeit zur anderen, ohne etwas fertig zu machen.									
1	2	3	4	5	6	7	8	9	10
18. fange ich an, mit tausend Menschen zu telefonieren, um mir Rat zu holen.									
1	2	3	4	5	6	7	8	9	10
19. vergeht mir der Appetit.									
1	2	3	4	5	6	7	8	9	10
20. bin ich körperlich rasch abgeschlagen und erschöpft.									
1	2	3	4	5	6	7	8	9	10
21. stelle ich meine körperlichen Aktivitäten (Sport) ein.									
1	2	3	4	5	6	7	8	9	10
22. bekomme ich Herzklopfern und Herzrhythmusstörungen.									
1	2	3	4	5	6	7	8	9	10
23. spüre ich Sodbrennen.									
1	2	3	4	5	6	7	8	9	10
24. trinke ich vermehrt Alkohol.									
1	2	3	4	5	6	7	8	9	10

gar nicht		gering		mittel		stark		sehr ausgeprägt	
25. rauche ich mehr Zigaretten.									
1	2	3	4	5	6	7	8	9	10
26. fange ich mit Menschen, die mir lieb sind, leicht Streit an.									
1	2	3	4	5	6	7	8	9	10
27. habe ich ständig geniale neue Ideen.									
1	2	3	4	5	6	7	8	9	10
28. kann ich bestimmte Geräusche oder Musik nicht mehr ertragen.									
1	2	3	4	5	6	7	8	9	10
29. gehen mir ganz bestimmte Menschen, mit denen ich sonst gut auskomme, auf die Nerven.									
1	2	3	4	5	6	7	8	9	10
30. verliere ich den Glauben an mich und meine Fähigkeiten.									
1	2	3	4	5	6	7	8	9	10
31. Sonstiges:									
1	2	3	4	5	6	7	8	9	10
32. Sonstiges:									
1	2	3	4	5	6	7	8	9	10
33. Sonstiges									
1	2	3	4	5	6	7	8	9	10

Sie haben den Test ausgefüllt? Und Sie haben sich in einigen Reaktionen wiedergefunden? Andernfalls sollten Sie noch einmal nachdenken und unter „Sonstiges“ Ihre ganz persönlichen Reaktionsweisen aufschreiben. Denn genau darum geht es hier.

Suchen Sie in dem Test nun die fünf Antworten, bei denen Sie die höchsten Werte eingetragen haben. Das sind diejenigen Reaktionsweisen, die am deutlichsten auf Sie zutreffen. Tragen Sie diese in die Tabelle „Typische persönliche Reaktionen auf Stress und Belastung“ ein. Zusätzlich ergänzen Sie diese allgemeinen Reaktionen bitte durch ganz persönliche Beispiele.

Tabelle „Typische persönliche Reaktionen auf Stress und Belastung“
In die erste Spalte der Tabelle übertragen Sie bitte Ihre Punkte aus dem Fragebogen von eben, in die zweite Spalte übertragen Sie die allgemeine Beschreibung aus dem Fragebogen, in die dritte Spalte schreiben Sie, wie sich dies bei Ihnen ganz persönlich auswirkt. Oben sehen Sie zwei Beispiele, wie die Eintragungen aussehen könnten.

Wenn ich unter Stress und hoher Belastung bin, dann ...

Punkte	Allgemein	Persönlich
8	werde ich gereizt und aggressiv	Oft Streit mit Gabi und Chef
9	esse ich übermäßige Mengen an Schokolade	Ich esse dann erst ein Stückchen und futtere dann eine ganze Tafel, und das zweimal am Tag

Wenn ich unter Stress und hoher Belastung bin, dann ...

Punkte	Allgemein	Persönlich

Warnzeichen

Wann immer Ihre Stress-Reaktionen in Zukunft auftauchen, sollten Sie gewarnt sein. Dann sollten Sie etwas unternehmen.

Die persönlichen Reaktionsmuster erkennen
Wenn Sie die Tabelle links ausgefüllt haben, sehen Sie vor sich eine knappe Auflistung Ihrer ganz persönlichen Reaktionsmuster auf Stress. Vielleicht gehören Sie zu den Menschen, die sehr stark auf der körperlichen Ebene reagieren? Kopfweh, Herzrasen, Muskelschmerzen, aber auch Verdauungsbeschwerden und Blutdruckkrisen fallen unter diese Muster.

Oder Sie entwickeln vordringlich sogenannte „vegetative Störungen“? Dazu gehören insbesondere Schlafstörungen, Müdigkeit, Appetitmangel oder Heißhunger, sexuelle Unlust oder auch Bewegungsunruhe.

Die dritte Gruppe an Reaktionsmustern umfasst Gedanken und Gefühle. Hierzu gehören typischerweise Ängste, Konzentrationsprobleme, Grübeln, manchmal auch eine zunehmende Unter- oder Überschätzung der eigenen Fähigkeiten.

Man kann diese drei Gruppen nicht klar trennen, häufig kommt es auch zu Mischformen. Wichtig ist nur, dass Sie Ihre wichtigsten Stress-Reaktionen kennen und benennen können.

Schritt 2: Umgang mit Stress und Belastungen

Stress ist ein Begriff, der heute oft und gerne benutzt wird. Doch was ist darunter eigentlich konkret zu verstehen? Viele denken bei Stress an Termindruck, an Hektik und fachliche Überforderung. Aber auch finanzielle Probleme, Schwierigkeiten mit den Kindern, Pflege von Angehörigen und körperliche Erkrankungen können intensiven Stress auslösen.

Die Ursachen von Stress sind vielfältig, eines haben sie aber gemeinsam: dass es äußere Bedingungen sind, mit denen ein Mensch zurechtkommen muss. Die Wissenschaft nennt diese äußeren Bedingungen „Stressoren" – also äußere Umstände, die bei den Betroffenen eine „Stressreaktion" auslösen.

Der Begriff „Stressoren"

Stressoren sind die äußeren Umstände, die bei den Betroffenen eine „Stressreaktion" auslösen.

Die Stressreaktionen, also die Antworten des Betroffenen auf Belastungen, laufen auf verschiedenen Ebenen ab: körperliche Reaktionen, Gefühle, Gedanken und Verhalten. Welche Ebene jetzt mit welcher anderen in Wechselwirkung tritt, das ist von Mensch zu Mensch verschieden. Sie haben Ihr persönliches Stress-Reaktionsmuster ja bereits kennengelernt und einen ganz guten Einblick über Zusammenhänge, die bei Ihnen vorliegen. Und darauf kommt es ja an: dass Sie Ihre Herausforderungen kennen.

Stress und Schmerz

Weshalb reagieren Menschen auf äußere Belastung mit diesen Reaktionsmustern? Nun, zunächst geht es darum, dass Ihr Körper und Ihre Psyche – also Ihr Organismus – Sie auf diese Weise dazu drängen, nach Lösungen zu suchen, um eine schwer aushaltbare Situation zu bewältigen. Man kann die Stressreaktion durchaus mit Schmerzen vergleichen und dem, was Schmerzen für Menschen leisten:

* Schmerzen teilen mit, dass ein Teil des Körpers, ein Organ, ein Muskel oder ein Knochen, gerade „angegriffen" wird oder verletzt ist.
* Schmerzen sorgen dafür, dass man sich ruhig verhält oder den Körper aus der Gefahrenzone bringt.
* Schmerzen zwingen zu bestimmten Reaktionen, das ist durchaus sinnvoll – ohne Schmerzen könnten Menschen nicht überleben.

Chronische Schmerzen

Natürlich kann das Warnsystem „Schmerz" auch selber zum Problem werden. Jeder, der schon einmal lang anhaltende Schmerzen hatte, weiß ein Lied davon zu singen.

Stress als Impuls zur Veränderung
Die Stressreaktion kann als das Schmerzsystem der Psyche verstanden werden: Sie „sorgt" dafür, dass man alles unternimmt, um eine belastende Situation zu verändern. Dazu wird zunächst ordentlich Energie bereitgestellt – der Puls ist beschleunigt, der Blutdruck steigt, man wird unruhig. Auch die Emotionen werden aktiviert – „irgendetwas stimmt nicht" – manche bekommen Angst, manche werden reizbar und aggressiv.

Das Denken sucht dann nach Lösungen – grübeln ist ganz typisch in der Situation … All das ist eigentlich noch ganz normal, wichtig ist es aber, darauf zu reagieren. Verstehen Sie, wenn Ihr „Organismus" Ihnen etwas sagen möchte? Und verstehen Sie, was er sagt? *„Hallo, du hast ein Problem, du solltest versuchen, eine Änderung herbeizuführen, du läufst auf Notstromaggregat."*

In den allermeisten Fällen reagieren Sie vermutlich ganz automatisch auf die Stressreaktion: Sie finden Lösungen, Sie nehmen eine Auszeit, Sie ändern Dinge. Dann läuft es wieder besser und gewiss werden Sie oft gar nicht gewahr, dass Sie sich aus einer Gefahrensituation manövriert haben. Das nennt man eine gelungene Selbstregulation.

Manchmal geht aber auch etwas schief: Das Stresssystem läuft auf Hochtouren und es schaukelt sich immer weiter hoch, ohne dass man einen Weg aus der Problemlage findet. Irgendwann ist der Akku leer – Burnout. Und manchmal ist Burnout die Vorstufe einer Depression – mehr dazu später.

So entstehen Stressreaktionen

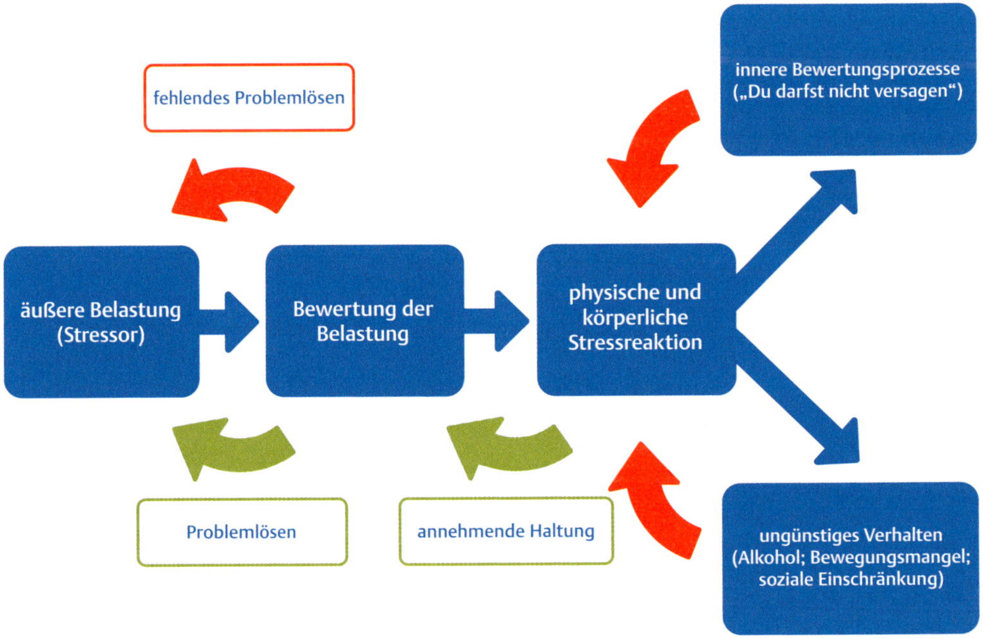

Die Abbildung links veranschaulicht, wie Stressreaktionen entstehen und verlaufen: Eine äußere Belastung führt zu einer bestimmten bewussten oder unbewussten Bewertung. „Irgendetwas" in einem stellt dann fest, dass die Dinge nicht so sind, wie sie sein sollten. Dies wiederum bewirkt die ganz normalen psychischen und körperlichen Stressreaktionen.

Im positiven Fall reagiert der Mensch nun so, dass er diese Stressreaktionen ernst nimmt und versucht, die Belastung zu reduzieren oder das entsprechende Problem zu lösen. Wenn dies funktioniert, ändert sich die Bewertung: *„Prima, alles ist wieder so, wie sie sein sollten"*, und es geht der Person besser. In der Abbildung ist dieser Erfolg durch grüne Pfeile markiert.

Falls dies jedoch nicht funktioniert – weil die Verhältnisse entweder gar nicht oder nur sehr langsam zu ändern sind oder keine Lösung gefunden wird – gibt es zwei Möglichkeiten des weiteren Verlaufs. Verlauf 1 besteht darin, dass man sich arrangiert. Das bedeutet, dass man seine Bewertung der Belastung verändert und die Dinge so akzeptiert, wie sie sind – man entwickelt eine annehmende Haltung. Wenn man aber nicht in der Lage ist, das Problem zu lösen, und es gleichzeitig auch nicht hinnehmen und akzeptieren kann, tritt Verlauf 2 ein. In diesem Falle steigt die psychische Belastung weiter an und führt schließlich zur Überlastung. In der Abbildung ist dies durch rote Pfeile markiert.

Bisweilen, und das ist gar nicht so selten, verhindern also die eigenen Bewertungen und das eigene Verhalten, dass Probleme angemessen gelöst werden. Man kann fast sagen, dann stresst man sich selbst.

„Selbstgemachte" Probleme

Es kommt häufig vor, dass die eigenen Gedanken Schwierigkeiten machen, und das eigene Verhalten.

Stressreaktionen – Ursachen und Hilfen

In den bisherigen Wochen des *Lebe Balance*-Programms haben Sie vieles über sich gelernt und Maßnahmen und Methoden entdeckt, um mit einigem anders umzugehen. Auch bei Stressreaktionen können Sie dieses Wissen nutzen, wir zeigen Ihnen, wie das geht.

1. Mangelnde Wahrnehmung
Manchmal bemerken Sie vielleicht schlicht und einfach nicht, dass Sie unter hoher Belastung stehen. Sie peitschen sich vorwärts, prügeln sich weiter, getrieben von Angst vor Versagen oder vor Begeisterung am Erfolg. Sie haben dann das Gespür für Ihre individuellen Warnsignale verloren.

Was hilft? In dieser Woche haben Sie Ihre individuellen Stressreaktionen kennengelernt und im Laufe der letzten Wochen verschiedene Achtsamkeitsübungen. Wenn Sie weiterhin regelmäßig üben und achtsam für Ihre Befindlichkeit sind, sollten Sie ein immer sichereres Gefühl für Ihren Belastungsgrad entwickeln.

2. Schwierigkeiten beim Problemlösen
Bisweilen ist es für Sie nicht einfach, die Probleme zu sortieren und nach umsetzbaren Lösungen zu suchen.

Was hilft? Sie haben in Woche 5 („Etwas ändern, wenn es zu ändern ist") nützliches Werkzeug für Problemlösung erworben, das Sie immer dann einsetzen können, wenn konkrete Schritte in dieser Sache anstehen.

3. Schwierigkeiten, Dinge anzunehmen, die nicht zu ändern sind
Manchmal lassen sich die Verhältnisse nicht oder nur sehr langsam ändern. Eigentlich bleiben dann nur zwei Möglichkeiten: Entweder Sie richten sich in diesen Bedingungen ein und arrangieren sich damit, oder Sie versuchen diese Situation zu verlassen. Der Mittelweg, also in der Situation zu verbleiben und darüber zu hadern, bringt nur Verdruss, Verbitterung und bisweilen auch ernsthafte Überlastung.

Was hilft? Sie haben sich in Woche 6 („Abstand gewinnen und schwierige Dinge annehmen") ausführlich damit beschäftigt, wie Sie eine annehmende Haltung gegenüber Dingen entwickeln können, die nicht zu ändern sind. Dieses Wissen und diese Erfahrungen sollten Ihnen helfen, dass Sie Schritt um Schritt die innere

Bereitschaft zur Akzeptanz entwickeln. Zugegeben, es ist ein schwieriger Weg, aber mit dem *Lebe Balance*-Programm haben Sie einen gehörigen Teil der Strecke schon hinter sich gebracht.

In Woche 4 („Wie lebe ich meine Werte") haben Sie gelernt, Ziele zu formulieren, die Ihren eigenen, ganz persönlichen Werten entsprechen. Damit haben Sie einen Kompass in der Hand, um den Weg aus scheinbar ausweglosen Situationen zu finden und Ihr Leben neu auszurichten.

4. Mangelnde innere Bereitschaft

Manchmal bemerkt man zwar, dass man müde ist, ausgepumpt und ausgelaugt – dass man vielleicht sogar bereits auf dem berühmten Zahnfleisch kriecht – aber man macht trotzdem weiter. Das geschieht, weil einen dann innere Leitsätze und Gedanken antreiben: *„Zeit haben nur diejenigen, die es zu nichts gebracht haben"*, *„Du darfst dir keine Blöße geben"*, *„Du darfst keinen Fehler machen"*, *„Wer aufhört, besser werden zu wollen, hört auf, gut zu sein"* oder *„Es gibt mehr Leute, die kapitulieren, als solche, die scheitern"*.

Solche und ähnliche Klugheiten verschleiern nicht nur Ihren Blick auf die reale Befindlichkeit, sondern bereiten noch zusätzlichen Ärger: Zu einer belastenden äußeren Situation kommt hinzu, dass Sie sich auch noch selber Stress machen, indem Sie sich ängstigen, zu versagen. Dies nennt man Stressverstärker, und diese Stressverstärker sind der Beginn des Teufelskreises.

Was hilft? Sie haben in Woche 2 Ihren Fürsorglichen Beobachter kennengelernt. Er sollte Ihnen helfen, Ihre eigenen automatischen Gedanken zu betrachten und ihnen an Schärfe zu nehmen. Sie erinnern sich? Sie können Ihre Gedanken nicht daran hindern, aufzutauchen. Aber Sie können sie freundlich empfangen, ohne sie allzu ernst zu nehmen: *„Hallo, du Ich-darf-mir-keine-Blöße-geben-Gedanke. Ich kenne dich, willkommen, aber diesmal versuchen wir es mal anders …"*

5. Ungünstige Verhaltensmuster

Erinnern Sie sich noch an das theoretische Wissen zum Thema Stress? Äußere Stressoren bereiten Menschen Schwierigkeiten und lösen bei ihnen ganz individuelle Stressreaktionen aus. Diese sollten im Idealfall dazu dienen, die Probleme, die einen beunruhigen, zu verändern, oder die Situation zu verlassen – wie gesagt, im Idealfall.

Leider greift man manchmal gerade unter Stress auf ziemlich ungünstige Verhaltensmuster zurück: Man fängt an, Süßigkeiten in sich hineinzustopfen, vermehrt Alkohol zu trinken, greift zu Zigaretten, sitzt nur noch am Schreibtisch und verzichtet auf Sport. Man wird ärgerlich und aggressiv, pampig und verletzend, man zieht sich sozial zurück – die Liste ließe sich beliebig verlängern. Was ist diesen sogenannten „ungünstigen Verhaltensmustern" nun aber gemeinsam, warum sind sie „ungünstig", und wenn sie so ungünstig sind, weshalb tut man sie sich dann überhaupt an?

Nun, all diese Verhaltensmuster sind kurzfristig sehr wirksam: die Schokolade hebt kurzfristig die schlechte Laune, der Alkohol macht kurzfristig gesellig und optimistisch, die Zigarette beruhigt und verbessert die Konzentration, der Verzicht auf körperliche Anstrengung führt kurzfristig zur Entlastung, Ärger und Aggression stabilisieren kurzfristig den Selbstwert und, und, und. Diese kurzfristige Wirkung ist es, die verführt.

Langfristig aber bringen es diese Verhaltensweisen mit sich, dass sich nicht nur der psychische Zustand verschlechtert, sondern häufig auch noch die äußeren Umstände. Wer will schon auf Dauer mit einem ständig nörgelnden, aggressiven und unzufriedenen Kollegen zusammenarbeiten? Der Alkohol macht die Konzentrationsstörungen auch nicht unbedingt besser und der fehlende Sport schlägt deutlich auf die Psyche!

Was hilft? Die gute Nachricht zuerst: Wissenschaftler von der University of South Carolina haben Studenten untersucht und herausgefunden, dass diese unter Stress jede Menge ungünstiger Verhaltensmuster an den Tag legten: Süßigkeiten, Alkohol, Junk-Food waren die Klassiker. Allerdings galt dies nicht für alle Studenten, sondern nur für diejenigen, die sich auch sonst ungesund ernährten, viel Alkohol tranken und nur unregelmäßig Sport trieben. Jene Studenten, die brav ihr Müsli zum Frühstück aßen, mäßig Alkohol tranken und regelmäßig Sport trieben, machten dies unter Stress erst recht. Es geht also darum, sich unter ruhigen, stressfreien Bedingungen – wenn einem die Selbstkontrolle also leichter fällt –, Gewohnheiten aufzubauen, auf die man dann unter Belastung zurückgreifen kann.

Was tun in stressigen Zeiten?

Lassen Sie es uns noch einmal zusammenfassen, welche Handlungsempfehlungen wir Ihnen auf den beiden letzten Seiten gegeben haben. Um mit Stress in Zukunft günstiger umzugehen, können Sie

* achtsam Ihre Befindlichkeit registrieren, um zu bemerken, dass Sie unter Belastung stehen.
* die Probleme mit innerem Abstand betrachten und aktive Lösungsversuche starten.
* Probleme oder Situationen, die nicht zu ändern sind, aktiv annehmen.
* Ihren Fürsorglichen Beobachter schulen, um den eigenen Stressverstärkern nicht auf den Leim zu gehen.
* günstige Verhaltensmuster aufbauen, um den Stress nicht selbst zu verschärfen.

Über die ersten vier Punkte haben Sie in den letzten Wochen vieles erfahren. Es ist nicht verboten, noch einmal zurückzublättern und nachzulesen! Den fünften Punkt haben wir bisher nur am Rande gestreift.

Empfehlenswerte Verhaltensweisen
In stressreichen Zeiten fallen Dinge wie Bewegung, Essen, Schlaf und Freunde gerne mal hinten runter – dabei sind sie gerade dann besonders wichtig! Ihr Stresspegel wird sich langfristig deutlich senken, wenn Sie gerade in anstrengenden Zeiten darauf achten,

- Ihre sozialen Beziehungen zu pflegen,
- Zeiten der Entspannung einzuplanen,
- gesund zu essen,
- sich ausreichend zu bewegen und
- erholsam zu schlafen.

Gesundes ausgewogenes Essen, körperliche Aktivität und ein erholsamer Schlaf kosten nicht nur Zeit beziehungsweise Energie – sie geben auch Energie. Ein fitter und ausgeruhter Körper erhöht die Leistungsfähigkeit, die Sie brauchen, um Stress zu bewältigen – auch im Kopf. Auf den folgenden Seiten finden Sie Hinweise, wie Sie in diesen Bereichen gesunde Verhaltensgewohnheiten bilden können.

Mathias Berger

Zeitfenster für Aktivitäten finden
Beobachten Sie achtsam Ihren jetzigen Tagesablauf. Erkennen Sie Gelegenheiten, zu denen Sie sich sowieso schon bewegen. Treppen, die Sie hochsteigen, kurze Wege zu Fuß oder mit dem Fahrrad – vielleicht können Sie diese Aktivitäten auf 10 Minuten oder mehr ausweiten?
Suchen Sie als Nächstes ein Zeitfenster, in dem Sie sich 30 Minuten am Stück sportlich betätigen können.
Am Anfang reicht zügiges Gehen, später können Sie joggen oder mit dem Fahrrad fahren oder eine andere Sportart wählen. Zwischendurch dürfen Sie ruhig mal ein wenig aufdrehen und sich für ein paar Minuten richtig anstrengen. Probieren Sie Verschiedenes aus und entscheiden Sie sich für das, was Ihnen am meisten Freude macht.
Oft hat man mehr Spaß, wenn man sich mit Freunden verabredet und gemeinsam etwas Sportliches unternimmt. Reden Sie mit Familie, Kollegen und Bekannten über Ihr Vorhaben und fragen Sie, wer mit Ihnen aktiv sein will.
Verankern Sie Ihre Bewegungsaktivitäten fest in Ihrem Tagesablauf. Tragen Sie sie in Ihren Terminkalender ein, falls Sie einen benutzen. Wenn Sie sich ein wenig mehr körperlich verausgaben als bisher, kann es sein, dass sich auch Ihr Schlaf verbessert.

Tut rundum gut – körperliche Aktivität
Bewegung macht nicht nur fit und baut den Stress ab – sie kann vor Krankheiten wie Diabetes Mellitus (Zuckerkrankheit), Arteriosklerose (Arterienverkalkung) oder bestimmten Krebsarten (Darmkrebs, Brustkrebs) schützen, den Blutdruck senken, Knochen und Gelenke erhalten und das Herz unempfindlicher machen.

Um Ihre Gesundheit zu verbessern, sollten Sie gerade in Phasen größerer Belastung körperliche Bewegung in Ihren Alltag einbauen. Ab 150 Minuten pro Woche oder 30 Minuten pro Tag sind spürbare gesundheitliche Effekte zu erwarten. Sie können Ihre Aktivitäten verteilen, sollten dabei aber mindestens Einheiten von 10 Minuten haben. Wissenschaftliche Untersuchungen weisen darauf hin, dass eine Gesamtdauer von 300 Minuten pro Woche ein weiteres Mehr an positiven Effekten bringt. Aber bitte keine Überforderung. Sie sollten Ihre Sportaktivitäten von dem Maß, das Sie momentan gewohnt sind, langsam und Schritt für Schritt steigern.

Mit Entspannung in Balance
Die körperliche Stressreaktion sorgt bei vielen Menschen für Veränderungen im Stoffwechsel, der Herztätigkeit, Atmung und des Blutdrucks. Sport ist eine Möglichkeit, die körperliche Balance wieder herzustellen – Entspannung eine weitere, gerade wenn Sie unter schmerzhaften Verspannungen leiden.

Auch Pausen sind in stressreichen Zeiten nicht überflüssig, sondern äußerst wirksam: In vielen wissenschaftlichen Studien wurde gezeigt, dass die Leistungsfähigkeit länger erhalten bleibt, wenn nach etwa 50 Minuten eine kurze Pause eingelegt wird. Entspannend wird die Pause jedoch erst, wenn Sie wirklich „abschalten" – und sich nicht nur körperlich von Ihrem Arbeitsplatz oder der belastenden Situation entfernen.

Wirkungsvolle Entspannungsmethoden

Zum mentalen „Abschalten“ können Sie die Achtsamkeit gut nutzen – auch in kurzen Pausen. Gehen Sie ein paar Schritte an der frischen Luft und konzentrieren Sie sich auf die Empfindungen des Augenblicks.

Zur körperlichen Entspannung gibt es mittlerweile mehrere Methoden. Am wirkungsvollsten ist die sogenannte progressive Muskelentspannung nach Jacobson – sie führt zu einer wirklich tiefgreifenden Entspannung der Muskulatur. Dabei werden verschiedene Muskelgruppen angespannt und wieder entspannt. Sie sollten dieses Training täglich etwa 20 Minuten absolvieren – wenn Sie Schwierigkeiten mit dem Schlafen haben, am besten direkt vor dem Zubettgehen.

CD

Erholsam schlafen

Was genau sollte man über den Zustand unbedingt wissen, in dem man etwa ein Drittel des Lebens zubringt? Zumindest einiges an Basiswissen, denn fälschliche Annahmen über Schlaf sind verbreitet.

1. Es ist unrealistisch zu erwarten, dass man immer gut schläft. Kurzfristige Schlafstörungen können ein wichtiges Signal dafür sein, dass man über ein momentanes Problem im Wachzustand noch nicht genügend nachgedacht hat. Kurzfristige Schlafstörungen gehören zum normalen Leben. Oft findet man nachts die geeignete Antwort auf ein Problem, das man tagsüber nicht lösen konnte.

2. Im Alter nimmt physiologisch die Schlaftiefe ab, so dass es wahrscheinlicher ist, nachts öfter mal längere Zeiten wach zu sein. Auch dies stellt noch keine Krankheit dar.

3. Der Rhythmus des Schlafes ist leicht störbar. Bei häufig wechselnden Schlafzeiten, zum Beispiel zwischen Wochentagen und Wochenende, bei Schichtarbeit oder nach einem Zeitzonenflug (Jetlag) können Schlafstörungen auftreten.

4. Schlafstörungen sind leicht konditionierbar, das bedeutet, sie verselbstständigen sich durch ungünstiges Verhalten. Wenn man um 4 Uhr nachts beispielsweise wiederholt wach wird und ängstlich auf die Uhr schaut, dann kriegt dies eine Eigendynamik. Der Körper wacht von allein auf: Man hat die innere Uhr auf „4 Uhr Aufwachen“ programmiert.

Kurse besuchen

Es ist günstig, sich als Anfänger zunächst von einem erfahrenen Therapeuten bei der progressiven Muskelentspannung anleiten zu lassen. Die meisten Abendakademien, Volkshochschulen und auch die AOK bieten derartige Kurse an. Wir haben für Sie eine Anleitung zur Muskelentspannung auf unserer Hör-CD bereitgestellt.

Regeln für gesunden Schlaf

Es gibt einige Regeln für einen gesunden Schlaf. Diese sind besonders für Menschen wichtig, die auf Stress mit Schlafstörungen reagieren.

- Gehen Sie nur ins Bett, wenn Sie wirklich müde sind!
- Verwenden Sie das Bett nur zum Schlafen, nicht zum Fernsehen oder Arbeiten.
- Wenn Sie nicht einschlafen können, verlassen Sie das Bett und machen Sie irgendetwas Angenehmes: Musik hören oder Lesen im Wohnzimmer.
- Vermeiden Sie auf die Uhr zu sehen, wenn Sie nicht einschlafen können.
- Stehen Sie morgens regelmäßig um die gleiche Zeit auf (Wecker stellen), unabhängig von der Dauer des Nachtschlafes – also nicht bis in den Mittag hinein ruhen.
- Vermeiden Sie jede Form von Nickerchen am Tag.
- Nach dem Mittagessen keine koffeinhaltigen Getränke.
- Auf keinen Fall Alkohol als Schlafmittel einführen.
- Keine schweren Mahlzeiten am Abend.
- Keine schweren körperlichen Belastungen am Abend (Sex ist erlaubt).
- Einwickeln Sie ein persönliches Einschlafritual.
- Machen Sie vor dem Zubettgehen eine Entspannungsübung.

Hilfe bei Einschlafproblemen

Sie haben in den letzten Wochen erfahren, dass Gedanken einen viel größeren Einfluss auf das Leben haben, als gemeinhin angenommen wird. Das ist beim Schlaf nicht anders: Wenn Sie abends grübeln und sich sorgen, so blockieren die Gedanken den Schlaf.

Sie können die Macht der Gedanken aber auch nutzen! Begeben Sie sich innerlich zu einem sogenannten Ruhebild – einer schönen Erinnerung oder Vorstellung von einem angenehmen, ruhigen Ort. Das kann ein Strand am Abend sein, eine Alm mit Kühen oder ein malerischer See.

Ruhebilder versetzen Ihre Psyche und Ihren Körper in einen schlaffördernden Zustand. Genau wie das Entspannungstraining bedürfen Ruhebilder allerdings der Übung. Am besten üben Sie täglich etwa 2 Wochen lang außerhalb des Bettes! Sie können sich beim Einüben Ihres Ruhebildes auch helfen lassen, indem Sie auf unserer Hör-CD die Übung „Ruhebild" auf sich wirken lassen.

CD

Wenn man nicht einschlafen kann, macht man sich häufig zusätzliche Sorgen. Das ist ganz normal, aber diese Sorgen halten den Teufelskreis in Gang. Typische negative Gedanken sind etwa: *„Wenn ich jetzt nicht bald einschlafe, ist der morgige Tag wieder für die Katz"; „Jetzt liege ich schon wieder stundenlang hier rum, das darf doch nicht wahr sein, das wird ja eine fürchterliche Nacht"; „Jeder Mensch braucht seine 8 Stunden Schlaf, warum klappt das bei mir nicht!"*.

Bereits beim Lesen dieser Sätze spürt man den Ärger, die Enttäuschung und Hilflosigkeit, die diese Gedanken auslösen. Sie sind keine gute Basis, um zu schlummern … Aber auch hier gibt es Hilfe: Sie erinnern sich an den Fürsorglichen Beobachter und daran, die eigenen Gedanken zu erkennen und zu begrüßen? *„Hallo, ihr quälenden Schlafnörgler, willkommen, ich kenne euch – lasst uns mal ein paar konstruktivere Sätze formulieren": „Die benötigte Schlafdauer ist individuell sehr verschieden – ich brauche nicht unbedingt 8 Stunden Schlaf*" könnten Sie dann beispielsweise anschließen oder auch:

- *„Der Ärger macht es auch nicht besser, ich aktiviere mal mein Ruhebild."*
- *„Es gibt gute und schlechte Nächte, dies ist jetzt eine weniger gute."*
- *„Meine Leistungsfähigkeit morgen hängt von ganz anderen Dingen ab als nur vom Schlaf."*

Wissen über psychische Erkrankung

Stellen Sie sich vor, Sie hätten einen 16-jährigen Sohn, der Sie fragen würde: „Peters Mutter hat eine Depression. Was ist das eigentlich?“ Könnten Sie ihm eine hilfreiche Antwort geben?

Schritt 3: Überbelastung und beginnende psychische Störungen

Bei jedem dritten Erwachsenen häufen sich einmal im Leben psychische Beschwerden so, dass sie ihn davon abhalten, seinem Alltag oder Beruf nachzugehen. Ärzte und Psychologen sprechen dann von einer behandlungsbedürftigen psychischen Störung. Es ist also mehr als wahrscheinlich, dass Sie selbst oder jemand in Ihrem Familien- oder Freundeskreis diesen Zustand kennt. Obwohl Gedanken und Gefühle einen so großen Einfluss auf unser Leben haben und psychische Störungen so häufig sind, haben Sie in Ihrer Schulzeit wahrscheinlich so gut wie nichts darüber gelernt.

Vorurteile und Tatsachen über psychische Störungen

Auch Sie werden vermutlich bereits Zeuge eines Gespräches geworden sein, das in etwa auf folgende Art lief: *„Haben Sie schon gehört, Frau Meier aus der Buchhaltung ist seit drei Wochen krank. Man munkelt, dass sie durchgedreht hat. Ich verstehe das nicht, so groß ist der Stress bei denen doch wirklich nicht. Kann sein, dass sie keine Lust mehr hat und die Rente anstrebt.“*

Dieses Gespräch demonstriert zwei bedauerliche Fakten. Erstens ist in unserer Gesellschaft noch immer nicht wirklich angekommen, dass die vorübergehenden psychischen Krankheiten zum Leben dazugehören – immerhin sind 30 Prozent aller Menschen einmal im Laufe ihres Lebens betroffen. Zweitens liegt noch immer ein Stigma auf diesen Erkrankungen – als wenn man persönlich versagt hätte, ein Schwächling sei.

Das ist jedoch keineswegs der Fall: Die meisten psychischen Störungen hängen mit Veränderungen im Hirnstoffwechsel zusammen. Das Gehirn mit seinen 80 Milliarden Nervenzellen und die unendliche Komplexität ihrer Verschaltungen sind wohl das störanfälligste Organ des menschlichen Körpers. Unter Stress kann das Gehirn außer Balance geraten – das Zusammenspiel der Botenstoffe und Hormone, die das Ganze steuern, funktioniert nicht mehr richtig.

Wer ist in Gefahr
Menschen sind unterschiedlich anfällig, in Stresssituationen aus dem Gleichgewicht zu geraten. Ein Großteil dieser Anfälligkeit wird durch die Gene und frühkindliche Belastungen bestimmt. Hat ein Kind zwei Elternteile, die an Depressionen leiden, dann ist sein Risiko (selbst wenn es nicht bei seinen Eltern aufgewachsen ist) sehr hoch, in bestimmten Belastungssituationen ebenfalls an einer Depression zu erkranken. Die Anfälligkeit ist ebenfalls gesteigert, wenn man als Kind vernachlässigt, geschlagen oder wiederholt gedemütigt wurde.

Wer das Glück hat, eine geringe Anfälligkeit zu haben, kann hohe Stresssituationen ertragen, ohne psychisch krank zu werden. Umgekehrt kann bei sehr anfälligen Personen schon ein Jahreszeitenwechsel, ein Zeitzonenflug oder eine schwere Grippe zu einer psychischen Erkrankung führen – ganz zu schweigen von zwischenmenschlichen Auseinandersetzungen oder massiven Arbeitsüberlastungen. Von Schuld, Faulheit oder Charakterschwäche kann also keine Rede sein. Wenn dieses Wissen in unserer Gesellschaft mehr verankert wäre, hätten psychisch Erkrankte nicht mehr mit dem Stigmaproblem, d. h. der Scham und dem Sich-verstecken-Müssen zu kämpfen.

Frühwarnzeichen psychischer Erkrankungen und Burnout
Häufen sich die Stressreaktionen oder bleiben sie über einen langen Zeitraum bestehen, steigt das Risiko, aus der Balance zu geraten. Schlafstörungen, anhaltende Erschöpfung, Freudlosigkeit, Angstzustände oder auch ein beunruhigender Missbrauch von Alkohol oder Medikamenten sind Warnhinweise für ein erhöhtes Risiko.

Die psychischen Belastungen durch anhaltenden Stress wurden in den letzten Jahren sehr ausführlich diskutiert – unter dem Begriff Burnout. Dabei handelt es sich nicht um eine eigentliche Erkrankung, sondern um einen Risikozustand, also um die Häufung individueller Stressbeschwerden. Entsprechend können Burnout-Beschwerden so unterschiedlich sein wie die individuelle Stressreaktion. Meistens werden emotionale Erschöpfung, verminderte Leistungsfähigkeit und eine zynische Einstellung gegenüber dem Leben und der Arbeit genannt – der Risikozustand Burnout kann sich bei jedem jedoch anders zeigen.

Im Fall des Falles: Holen Sie sich die Hilfe, die Sie zum Aufstehen benötigen. Sie steht Ihnen zu und Sie sollten es sich wert sein!

Wann spricht man von einer Depression?

Nicht jede traurige Verstimmung, und auch nicht Burnout dürfen mit einer Depression gleichgesetzt werden. Niedergeschlagenheit, trübe Gedanken und auch Trauer gehören zu einem reichen Leben und finden ihren eigenen Rhythmus.
Eine Depression aber ist eine ernsthafte Erkrankung und bedarf der Behandlung durch einen Spezialisten. Und, das ist die erfreuliche Nachricht, es ist eine gut behandelbare Erkrankung – allerdings gilt die Einschränkung: wenn sie überhaupt erkannt wird. Denn kaum eine Erkrankung wird so oft übersehen oder missverstanden wie die Depression. Ist die Diagnose jedoch einmal gestellt, können die Weichen zu einer medikamentösen oder psychotherapeutischen Behandlung einfach und sehr erfolgsversprechend gestellt werden.

Wie verbreitet ist Depression?
Die Verbreitung der Depression ist relativ hoch: etwa jede vierte Frau und jeder sechste Mann wird irgendwann im Leben eine Depression erleben, die behandelt werden muss. Anders ausgedrückt: Eine Depression ist eine ganz normale, häufige Erkrankung, die nichts, aber auch gar nichts zu tun hat mit Versagen oder Schwäche: Sehr berühmte Menschen, die an Depressionen litten, haben unser Leben und unsere Kultur durch ihr Werk bereichert: Beethoven, Schumann, Tolstoi, Hermann Hesse, Paul Gauguin, Frederic Chopin, Winston Churchill und viele andere mehr. Es ist also höchste Zeit, dieser Erkrankung ihr Stigma zu nehmen. Auch dies wird zu einer Verbesserung der Behandlung beitragen. Je mehr Menschen Bescheid wissen, wie man eine Depression erkennt, desto wahrscheinlicher wird es, dass man sich als Betroffener auch die entsprechende Hilfe holt. Was macht es aber so schwierig, bei sich selbst eine Depression zu erkennen?

Depression bei sich selbst erkennen?
Wenn man Fieber hat, so spürt man das und man kann es messen. Es ist auch nicht besonders schwierig, Schmerzen zu erkennen. Eine Depression aber betrifft – neben anderem – auch die Art und Weise, wie man sich wahrnimmt: Man verliert in der Depression die kritische Distanz zu sich und meint tatsächlich, dass man wertlos ist, dumm, ansprüchlich und schlecht, dass man die Liebe der Angehörigen nicht verdient hat. Ja, man glaubt sogar, dass man sich und alle anderen über die Jahre hinweg nur getäuscht hat.

In solch einer Situation die innere Distanz zu wahren und bei sich selbst eine Depression zu erkennen, ist schwierig. Wir haben bei unserer Arbeit als Therapeuten Patienten erlebt, denen wir jeden Tag aufs Neue erklären mussten, dass das, worunter sie leiden, eine Depression ist, und nicht die Wahrheit. Sie glaubten es dann für eine Stunde, um anschließend wieder in tiefste Verzweiflung zu stürzen.

Was sind die Symptome einer Depression?
Depressionen haben unterschiedliche Gesichter, mit unterschiedlicher Ausprägung, unterschiedlicher Dauer und Schwere, aber es gibt einige klare Symptome, die man kennen sollte.

Schwermut: Die Welt, man selbst und die Dinge um einen herum sind erfüllt von bleigrauer Schwere. Nichts geht einem von der Hand, nichts heitert einen auf, freundliche Worte wirken wie voll Bitterkeit. Selbst die Zeit scheint stillzustehen und konturlos zu zerfließen. Und es gibt keine Hoffnung: Alles war immer schon so und alles wird immer so bleiben.

Interessensverlust: Nichts macht mehr Spaß: das Essen, die Musik, das Kino, Sex, die Freunde – nichts dringt mehr zu einem durch. Alles ist beliebig und wie durchwoben von einem grauen Gespinst der Freudlosigkeit. Wenn Sie sich vorstellen, dass Ihr Lieblingsessen nach Asche und Lebertran zu schmecken beginnt, würden Sie es noch essen? Genauso reagieren Depressive. Sie stellen die Aktivitäten einfach ein. Weil schon der Gedanke daran, dass das früher mal Freude bereitet hat, so schmerzlich ist.

Antriebsverlust: Einfache Dinge, über die man sich sonst kaum Gedanken macht, werden plötzlich schwierig: Aufstehen, Frühstücken, Einkaufen, Treppensteigen oder Autofahren. Ein befreundeter ärztlicher Kollege, der an einer Depression litt, schilderte: *„Das ist, wie wenn man ein großes Schiff, das sonst ganz alleine fährt, mit einem kleinen Außenbordmotor anschieben und steuern muss."*

Die meisten Menschen wissen nicht, dass es so etwas wie „Antrieb" gibt. Erst wenn er wegfällt, macht er sich bemerkbar. Dann greift die Depression die Motivation und den Willen des Menschen an. *„Ich kann gar nicht wollen"* ist eine häufige Äußerung der Betroffenen. Und spätestens jetzt sollte klar werden, wie schmerzhaft und wie unsinnig Bemerkungen sind wie *„Reiß dich doch zusammen"*. Das ist ungefähr so, wie wenn Sie einem Querschnittgelähmten empfehlen würden, er solle sich nicht so anstellen und einen Fuß vor den anderen stellen. Wir können Ihnen versichern: Wenn depressive Menschen sich „zusammenreißen" könnten, würden sie nichts lieber tun als das!

Auf andere achten

Schärfen Sie bitte Ihre Sinne für die Symptome einer Depression auch bei anderen. Es ist ein Akt der Solidarität und Fürsorge, sich gegenseitig auch mal die Frage zu stellen: *„Sag mal, du kommst mir so niedergeschlagen vor in jüngster Zeit, kann es sein, dass du eine Depression hast? Kann es sein, dass du dich mal bei einem Fachmann vorstellen solltest?"*

Medikamente und Therapie

Medikamente werden eingesetzt, um den Hirnstoffwechsel zu unterstützen, wieder in Balance zu kommen. Sie haben den Vorteil eines rascheren Wirkungseintritts. In der Psychotherapie können Sie Strategien lernen, wie Sie mit inneren und äußeren Belastungen anders umgehen und die aktuelle Depression bewältigen können – ähnlich wie in diesem Buch, nur viel ausführlicher und individueller.

Der Antriebsverlust macht sich übrigens auch in der Muskulatur und der Mimik bemerkbar: Depressive Menschen verlieren ihre Elastizität, das Gangbild wirkt schleppend und mürbe. Auch der Gesichtsausdruck verliert seine Spielbreite und wird maskenhaft starr.

Verlust des Selbstwertgefühls: Psychisch gesunde Menschen schaffen es, sich selbst als einigermaßen wertvoll, liebenswert und leistungsfähig einzustufen. Da ist ein wenig Selbstbetrug dabei, aber das hält einen bei Laune und treibt an. In der Depression bricht diese so wichtige Fähigkeit zusammen und verkehrt sich ins Gegenteil: Die rosarote Brille wird gegen eine schwarze getauscht, man sieht sich als verachtenswerte Kreatur. Als jemand, der allen immer nur etwas vorgespielt hat. Das Gefühl, das sich dabei einstellt, können Sie sich vorstellen?

Selbstvorwürfe und Schuldgefühle: Passend zum niederen Selbstwert gehen die meisten Depressiven nicht gerade gnädig mit sich um – im Gegenteil: Manche finden sich regelrecht hassenswert. Sie geben sich die Schuld für alle möglichen, auch irrationalen Dinge. Bisweilen steigern sich diese Selbstvorwürfe zu unkorrigierbaren Überzeugungen: dass man verantwortlich sei für die Umweltverschmutzung, für politische Desaster, für Erkrankungen der Kinder. Spätestens an dieser Stelle wird es gefährlich, denn Menschen, die unter sehr starken Schuldgefühlen leiden, neigen dazu, ihr Leben durch Selbsttötung zu beenden.

Gedanken an den Tod und an Selbsttötung: Menschen, die an einer schweren Depression leiden, spielen mit dem Gedanken an den Tod – jeder fünfte Depressive unternimmt einen Selbsttötungsversuch. Das ist also eine ernsthafte Gefahr, die spätestens seit dem Tod von Robert Ehnke auch in Deutschland wahrgenommen wird. Daher ist es so wichtig, die Betroffenen und deren Angehörige zu informieren: Es ist die Depression, die diese Gedanken produziert – so wie die Grippe Fieber produziert. Und manchmal ist es daher vernünftig und verantwortungsvoll, für eine gewisse Zeit den Schutz einer stationären psychiatrischen Behandlung in Anspruch zu nehmen.

Störungen des Denkens und der Konzentration: Depressive versuchen ein Buch zu lesen und brechen es ab, weil sie sich die Namen nicht merken können. Sie sitzen vor dem Fernseher und blicken ins Leere und Prüfungsvorbereitungen geraten zur Tragödie – das Gedächtnis ist mit einem Sieb zu vergleichen. Stattdessen beginnt das Gehirn wie von selbst zu arbeiten und schickt Grübelgedanken – immer dieselben und ohne Gnade. Auch das ist eine Marter.

Schlafstörungen: Über Schlafstörungen haben wir schon ausführlich gesprochen. Sie treten bereits bei Überforderung und Burnout zutage. Es gibt jedoch ein depressionstypisches Schlafprofil: das morgendliche Früherwachen. Die Betroffenen wachen gegen 4 Uhr morgens wie gerädert auf und beginnen zu grübeln – an ein Einschlafen ist nicht mehr zu denken.

Störungen der Emotionen: Viele Betroffene berichten, dass sie keine Gefühle mehr wahrnehmen. Die Emotionen sind wie abgestorben, alles ist taub und grau. Besonders schlimm ist dies für junge Mütter, weil sie plötzlich spüren, dass die Liebe, die sie für ihre Kinder hegen, verschwunden ist. Viele machen sich Vorwürfe deswegen und betiteln sich selbst als Rabenmütter, die ihre Kinder gar nicht verdient hätten. Das einzige Gefühl, das bleibt, ist die Verzweiflung. Diese emotionale Taubheit geht manchmal so weit, dass man sich wie abgeschnitten fühlt von der Welt: *„Ich habe das Gefühl, in einem Aquarium zu sitzen – mit einer dicken Glasscheibe zwischen mir und der Welt – ich spüre den Atem der Welt nicht mehr."*

Nicht alle diese Symptome treten bei allen Depressiven auf, es gibt viele verschiedene Misch- und Unterformen. So entwickeln sich beispielsweise bei der sogenannten Winter-Depression plötzlicher Heißhunger und starke Müdigkeit, während die „agitierte Depression" sich durch heftige Bewegungsunruhe auszeichnet. Allen Depressionen gemeinsam aber sind, wie eben schon erwähnt, die tiefe, anhaltende Schwermut, der Verlust fast aller Interessen und die Freudlosigkeit.

Die Diagnose einer Depression verlangt zudem, dass diese Symptome mit einer gewissen Konstanz über einen Zeitrahmen von mindestens zwei Wochen vorliegen – und zwar die überwiegende Zeit des Tages. Dieses sogenannte „Zeitkriterium" ist wichtig, um die Depression von vorübergehenden Stimmungsschwankungen zu unterscheiden.

Wann sollte Depression behandelt werden?

Die Antwort auf diese Frage ist einfach: immer. Und zwar so rasch und so professionell als möglich. Denn ohne Behandlung nehmen viele Depressionen einen sehr langen Verlauf (circa sechs Monate). Zudem droht auch die Gefahr, dass die Depression chronisch wird.

Was kann man gegen Depression tun?

Noch einmal in aller Klarheit: Die Depression ist eine gut behandelbare Erkrankung – gerade deshalb gehört sie in die Hand eines Fachmannes, also eines ärztlichen oder psychologischen Psychotherapeuten. Falls Sie Schwierigkeiten haben, diese Berufsgruppe aufzusuchen, so wenden Sie sich an Ihren Hausarzt und weisen Sie ihn darauf hin, dass Sie denken, die Symptome einer Depression zu verspüren (die Hälfte aller Depressionen wird leider auch vom Hausarzt nicht erkannt).

Die Fachleute werden zunächst – ähnlich wie bei den Schlafstörungen – organische Ursachen der Depression ausschließen oder behandeln. Die wichtigsten zwei Zügel der Therapie der Depression bestehen

aus Medikamenten und Psychotherapie, häufig auch in der Kombination von beidem. In manchen Fällen empfehlen sich noch andere Behandlungsmöglichkeiten wie etwa Lichttherapie.

Lebe Balance im Leben behalten

Wir sind am Ende der Woche 8 angelangt: Zeit, ein wenig zurückzublicken auf das gesamte Buch, und Zeit, ein wenig nach vorne zu blicken.

Zugegeben, dieses Buch wimmelt von Informationen. Und zugegeben, man kann sich vieles nicht merken. Das geht nicht nur Ihnen so, sondern fast allen unseren Lesern. Nun, dieses Buch ist eben auch kein Krimi, den man nach Genuss weglegen und in Ruhe vergessen kann, sondern ein Programm für die psychische Gesundheit. Und derartige Programme entfalten sich hauptsächlich in der Langzeitwirkung.

Ja, aber damit Gedanken und Erfahrungen Langzeitwirkung entfalten können, sollte man sie sich eigentlich merken. Also sind wir Ihnen noch etwas schuldig: nämlich einen Hinweis, wie Sie sich die Dinge merken können, die Ihnen in diesem Buch wichtig geworden sind.

Informationen filtern

Kennen Sie das? Man liest interessante Neuigkeiten, man hat das Gefühl, es wäre nicht schlecht, sich dieses oder jenes zu merken, und dann verlieren sich diese Gedanken im Strudel der Informationen, die Tag für Tag über uns hereinbrechen, und die Erinnerung verflüchtigt sich. Das Angebot an Informationen ist einfach überwältigend geworden. Wie soll man damit umgehen?

Im Allgemeinen besteht die Herausforderung der Zeit nicht mehr darin, Informationen zu bekommen, sondern darin, Informationen zu filtern. Früher, als der Raum für Informationen auf das Papier beschränkt war, da haben das andere für uns gemacht: Verleger, Politiker, Nachrichtenredakteure, Wissenschaftler et cetera. Diesen Positionen kam dadurch sehr viel Macht zu.

Heute ist alles demokratischer: Das Internet bietet unbeschränkt Platz für Informationen – das erste Mal in der Geschichte der Menschheit! Aber das bedeutet auch, dass eine ungeheure Menge an Wissen und Ansichten auf den Markt drängen und dass die Filter-Aufgabe nun bei uns selber liegt.

Wie filtert man Informationen?

Erinnern Sie sich an Ihren Chemie-Unterricht? Zum Filtern braucht man drei Dinge: zum Ersten ein großes Gefäß, in dem die ungefilterte Flüssigkeit aufbewahrt wird. Bildlich gesprochen schwimmen hier alle Informationen wild durcheinander: wichtige und unwichtige, alte und neue, einfache und komplizierte. Dann braucht man einen Filter. Der Filter trennt die Informationen, die für einen wichtig sind, von den unwichtigen. Dieser Filter ist die Aufmerksamkeit. Die richten Menschen ganz automatische auf die Dinge, die sie gerade für bedeutsam erachten. Aber schließlich braucht man noch ein kleineres Gefäß, in dem die wenigen wirklich wichtigen Informationen gesammelt werden. In diesem kleineren Gefäß befindet sich die Essenz. Also die Dinge, die man sich tatsächlich merken möchte, auf die man immer wieder zurückgreifen möchte.

Viele Menschen verfügen über die ersten zwei Komponenten: jede Menge Informationen und auch einige verschiedene Filter – für Beruf, Hobbys, Kultur und so weiter. Aber dann übersehen sie, dass man diese mühsam gefilterten Informationen auch irgendwo aufbewahren muss, und alles droht sich in der Beliebigkeit aufzulösen.

Weniger und dafür mehr

Haben Sie schon einmal bemerkt, wie unbefriedigend es ist, wenn Ihre 24387 Fotos der letzten fünf Jahre irgendwo in Ihrem Computer herumschwirren? Und haben Sie schon mal bemerkt, wie angenehm es ist, sich ein gutes altes Fotoalbum anzusehen, mit einigen wenigen, gut ausgewählten Fotos, die eine klare Botschaft vermitteln?

Und so, wie man wieder anfängt, sich Alben mit gefilterten Fotos zuzulegen, so fängt man auch wieder an, sich kleine Notizbücher zuzulegen, die wenige, aber wichtige Dinge, also die Essenzen enthalten.

Wir haben für Sie im Arbeitsheft auf Seite 32 ein kleines Notizbuch vorbereitet, in das Sie nun die Essenzen dieses Buches eintragen können. Natürlich ist dies mit etwas Arbeit verbunden, aber es sollte sich lohnen:

Bitte gehen Sie noch einmal Kapitel für Kapitel durch und notieren Sie sich pro Kapitel jeweils einen Satz, der Ihnen bemerkenswert erscheint, über den Sie gerne noch einmal nachdenken würden oder der Sie in irgendeiner Weise inspiriert. Schreiben Sie sich diesen Satz im Arbeitsheft unter dem Punkt „Merk-würdig" auf. Und zusätzlich notieren Sie sich dort unter „Mach-bar" pro Kapitel genau eine Übung, die Sie fruchtbar fanden, die Sie gerne wiederholen oder anhaltend üben würden.

Haben Sie sich notiert, was Sie sich behalten möchten, was Sie sich merken und was Sie noch üben möchten. Ist auch die Übung „Liebevolle Güte" von Seite 44 dabei? Die möchten wir Ihnen sehr ans Herz legen. Führen Sie sie bitte jetzt noch einmal durch, bleiben Sie achtsam für sich selbst.

Lebe Balance – wie es weitergeht ...

Sie haben die letzten acht Wochen das Programm durchgearbeitet? Oder ein Kapitel gelesen? Oder alles nur mal kurz überflogen? Was auch immer – Sie haben genau das getan, was Ihnen während dieser Zeit möglich war, sonst hätten Sie etwas anderes getan.

Sie haben grundlegende Entschlüsse gefasst, Ihr Leben zu ändern? Sie haben ein Kapitel gefunden, das Sie interessiert? Ein kleiner Satz hat Ihr Interesse geweckt? Was auch immer – Sie haben genau das gefunden, was Ihnen zu dieser Zeit möglich war, sonst hätten Sie etwas anderes gefunden.

Das heißt jedoch nicht, dass Sie sich damit begnügen sollten – dafür sollten Sie sich zu wichtig sein.

Wenn Sie das auch so sehen, haben Sie etliches gelernt und werden das Buch sicherlich noch einige Male zur Hand nehmen. Sie werden merken, das Buch hat mehrere Schichten, die sich erst mit der Zeit eröffnen. Es ist so konstruiert, dass Sie immer Neues entdecken werden.

Wenn Sie allerdings der Meinung sind, Sie hätten Wichtigeres zu tun, als Zeit in *Lebe Balance* zu investieren, sollten Sie das Buch unbedingt auch noch einige Male zur Hand nehmen! Sie werden merken, das Buch hat mehrere Schichten ...

Doch dürfen wir Sie nun zu einer letzten Übung einladen, bevor wir uns von Ihnen verabschieden?

Übung „Der Unterstützung gewahr werden“

Nehmen Sie das Buch in die Hand und schließen Sie die Augen. Beobachten Sie, welche inneren Bilder auftauchen, wenn Sie darüber nachdenken, welche Menschen dazu beigetragen haben, dass Sie dieses Buch nun in der Hand halten können: Wer hat das Papier gemacht? Wer hat die Bäume gepflanzt, gefällt und transportiert? Wer hat das Buch gesetzt? Wer hat die Bilder herausgesucht? Wer hat sie fotografiert? Wer hat die Kameras gebaut? Wer hat die Fehler korrigiert? Wer hat das Buch gedruckt? – Lassen Sie sich ruhig Zeit.

Vielleicht wird Ihnen gewahr, wie viele Menschen für Sie gearbeitet haben, wie viele Menschen Sie unterstützten, wie viele Menschen Sie fürsorglich auf ihren Schultern tragen, damit Sie dieses Buch in der Hand halten können.

Vielleicht geht es Ihnen ja wie uns – wenn wir die Übung „Der Unterstützung gewahr werden" durchführen, dann breitet sich bei uns ein Gefühl von Dankbarkeit aus: Dass wir mitmachen durften, als Autoren-Team bei diesem großartigen Projekt. Dass wir auf so viele Quellen von Forschung und geistiger Arbeit zurückgreifen durften. Dass wir unsere eigenen Ideen einbringen konnten, dass diese auf fruchtbaren Boden fielen: Bei den Mitarbeitern der AOK (Herrn Nesch, Frau Ommer-Hohl, Herrn Kölle, Frau Hackl, Frau Lukassek), bei den Mitarbeitern des Thieme Verlages (Herrn Mann, Frau Schölzke), und bei all den eifrigen Helfern und Gestaltern, die sich von der Idee anstecken und tragen ließen, erstmals in Deutschland ein Programm zur Stärkung der psychischen Gesundheit aufzulegen. Dies ist ein Pionierprojekt, dessen Signalwirkung nicht stark genug eingeschätzt werden kann. Vielen Dank an alle!

Und damit verabschieden wir uns mit einem unserer Lieblingszitate:

Arbeite, als ob du nicht bezahlt würdest.
Tanze, als ob dir niemand zusehen würde.
Liebe, als ob dich niemand je verletzt hätte.

Ihr Autoren-Team

Prof. Dr. Martin Bohus | Dipl.-Psych. Lisa Lyssenko | Dipl.-Psych. Michael Wenner | Prof. Dr. Mathias Berger

Institut für wissenschaftliche psychologische Prävention Freiburg (IWPP Freiburg) · www.iwpp-freiburg.de

Literaturverzeichnis

Lebe Balance basiert auf den aktuellsten wissenschaftlichen Erkenntnissen. Bei der Frage, was zur Stärkung der inneren Balance beiträgt und Menschen gesund hält, sind insbesondere Erkenntnisse aus der Resilienzforschung eingeflossen. Die Grundhaltung der Autoren und viele der Übungen stammen aus der Akzeptanz- und Commitmenttherapie nach Steven Hayes sowie der Dialektisch-Behavioralen Therapie nach Marsha Linehan. Einen Überblick über die Konzepte und zentrale Forschungsergebnisse erhalten Sie hier:

Bengel, J. & Lyssenko, L. (2012). Resilienz und psychologische Schutzfaktoren im Erwachsenenalter. Köln: BzgA.

Harris, R. (2009). Wer dem Glück hinterher rennt, läuft daran vorbei. Kösel Verlag.

Schmidt, W. (2005). Die Kunst der Balance. Insel Taschenbuch.

Woche 1

Wissenschaftlicher Hintergrund:

Ken, S.-L., Smoski, M. J. & Robins, C. J. (2011). Effects of mindfulness on psychological health: A review of empirical studies. Clinical Psychology Review, 31(6), 1041–1056.

Zum Weiterlesen:

Jon Kabat-Zinn (2013). Achtsamkeit für Anfänger. Arbor Verlag.

Zimmermann, M., Spitz, Ch. & Schmidt, S. (2012). Achtsamkeit: Ein buddhistisches Konzept erobert die Wissenschaft. Huber Verlag, Bern.

Woche 2

Wissenschaftlicher Hintergrund:

Sowislo, J. F. & Orth, U. (2013). Does low self-esteem predict depression and anxiety? A meta-analysis of longitudinal studies. Psychological Bulletin, 139(1), 213–240.

MacBeth, A. & Gumley, A. (2012). Exploring compassion: A meta-analysis of the association between self-compassion and psychopathology. Clinical Psychology Review, 32(6), 545-552.

Zum Weiterlesen:

Kristin Neff (2012). Selbstmitgefühl. Kailash.

Woche 3 und 4

Wissenschaftlicher Hintergrund:

Schwartz, S. H., Cieciuch, J., Vecchione, M., Davidov, E., Fischer, R., Beierlein, C. et al. (2012). Refining the theory of basic individual values. Journal of Personality and Social Psychology, 103 (4), 663–688.

Zum Weiterlesen:

Schmidt, W. (2012). Philosophie der Lebenskunst. Suhrkamp.

Woche 5

Wissenschaftlicher Hintergrund:

Sniehotta, F. F., Schwarzer, R., Scholz, U. & Schüz, B. (2005). Action planning and coping planning for long-term lifestyle change: Theory and assessment. European Journal of Social Psychology, 35, 565–576.

D'Zurilla, T. J. & Nezu, A. M. (1999). Problem-solving therapy: A social competence approach to clinical intervention. Springer, New York.

Woche 6
Wissenschaftlicher Hintergrund:
Bohus, M. (2012). Achtsamkeitsbasierte Psychotherapie. Nervenarzt Nov; 83 (11): 1479-1489.

Zum Weiterlesen:
Matthias Wengenroth (2008). Das Leben annehmen. Huber.

Russ Harris (2011). ACT leicht gemacht. Arbos Verlag.

Woche 7
Wissenschaftlicher Hintergrund:
Holt-Lunstad, J., Smith, T. B. & Layton, J. B. (2010). Social relationships and mortality risk: A meta-analytic review. PLoS Medicine, 7(7), e1000316.

Uchino, B. N., Bowen, K., Carlisle, M., Birmingham, W. (2012). Psychological pathways linking social support to health outcomes: A visit with the »ghosts« of research past, present, and future. Social Science & Medicine, 74(7), 949–957.

Woche 8
Wissenschaftlicher Hintergrund:
Berger, M., Falkai, P. & Maier, W. (2012). Arbeitswelt und psychische Belastungen: Burn-out ist keine Krankheit. Deutsches Ärzteblatt, 109 (14).

Zum Weiterlesen:
Dieter Riemann (2003). Ratgeber Schlafstörungen: Informationen für Betroffene und Angehörige. Hogrefe.

Michael Waadt & Jens Acker (2012). Mit ACT gegen Burnout: Mit Achtsamkeit und Akzeptanz den Teufelskreis durchbrechen. Huber.

Impressum

Bibliografische Information der Deutschen Nationalbibliothek

Die Deutsche Nationalbibliothek verzeichnet diese Publikation in der Deutschen Nationalbibliografie; detaillierte bibliografische Daten sind im Internet über http://dnb.d-nb.de abrufbar.

Projektleitung Buch: Jürgen Mann, Melanie Schölzke, Stuttgart

Lektorat: Melanie Schölzke, Stuttgart

Umschlaggestaltung:
Thieme Verlagsgruppe, Michael Zimmermann

Layout: Thieme Verlagsgruppe, Heike Gutöhrlein

Bildnachweis
Umschlagfoto: **www.fotolia.com**: ©Stefan_Körber
Fotos im Innenteil: **www.fotolia.com**: S.2 ©Stefan_Körber, S.8 ©Heidrun_Lutz, S.10 ©vovan, S.17 ©lassedesignen, S.18 ©num_skyman, S.20 ©Pupkis, S.25 ©wuttichok, S.28 ©Adam_Radosavljevic, S.32 ©Christophe_Fouquin, S.41 ©Heino_Pattschull, S.42 ©Frog974, S.45 ©kharlamova_lv, S.50 ©jojje11, S.54 ©K.-P. Adler, S.56 ©pressmaster, S.60 ©doris_oberfrank-list, S.64 ©Sashkin, S.72/S.141 ©ikonoklast_hh, S.78 ©endrille, S.87 ©shaiith, S.89 ©D. Ott, S.91 ©Kzenon, S.94 ©svetlana67, S.97 ©magann, S.102 ©Syda_Productions, S.102 ©AK-DigiArt, S.102 ©Kzenon, S.102 ©Heggi, S.102 ©Ellie_Nator, S.102 ©CURAphotography, S.102 ©Murat_Subatli, S.102 ©DURIS_Guillaume, S.117 ©peshkova, S.123/S.127 ©contrastwerkstatt, S.128 ©Günter_Menzl, S.129 ©JackF, S.142 ©tiero, S.151 ©Delphimages, S.156 ©Gorilla, S.157 ©Robert_Kneschke, S.158 ©Tomas_Sereda, S.163 ©evgenyatamanenko
• **www.istockphoto.com**: S.35 ©Jordi_Delgado, S.52 ©absolut_100, S.82 ©miszaqq, S.132 ©Rike, S.137 ©mariusFM77, S.152 ©Shaiith, S.153 ©blyjak, S.167 ©selimaksan
• **Creativ Collection, Freiburg**: S.36, S.46, S.106, S.114, S.165 • **PhotoDisc Inc.**: S.59 • **MEV Verlag, Augsburg**: S.102 • **www.imagesource.com**: S.102
• **Thieme Verlagsgruppe**: S.74/75
• **Blendwerk Freiburg, Wolfgang Armbruster**: S.15,19, 23, 49,109,169 • **AOK**: S.7

2. Auflage

Rüdigerstraße 14, 70469 Stuttgart

Printed in Germany

Satz: Thieme Verlagsgruppe, Heike Gutöhrlein gesetzt in Adobe InDesign CS 5
Druck: Aprinta Druck GmbH, Wemding

Gedruckt auf chlorfrei gebleichtem Papier

ISBN 978-3-432-10460-7   3 4 5 6

Auch erhältlich als E-Book:
eISBN (PDF) 978-3-432-10461-4
eISBN (ePub) 978-3-432-10462-1

Wichtiger Hinweis:
Wie jede Wissenschaft ist die Medizin ständigen Entwicklungen unterworfen. Forschung und klinische Erfahrung erweitern unsere Erkenntnisse, insbesondere was Behandlung und medikamentöse Therapie anbelangt. Soweit in diesem Werk eine Dosierung oder eine Applikation erwähnt wird oder Ratschläge und Empfehlungen gegeben werden, darf der Leser zwar darauf vertrauen, dass Autoren, Herausgeber und Verlag große Sorgfalt darauf verwandt haben, dass diese Angaben dem Wissensstand bei Fertigstellung des Werkes entsprechen, jedoch kann eine Garantie nicht übernommen werden. Eine Haftung des Autors, des Verlags oder seiner Beauftragten für Personen-, Sach- oder Vermögensschäden ist ausgeschlossen.

Geschützte Warennamen (Warenzeichen) werden nicht besonders kenntlich gemacht. Aus dem Fehlen eines solchen Hinweises kann also nicht geschlossen werden, dass es sich um einen freien Warennamen handelt.